前言

早晨的優先順序決定人生的成敗

——從早晨開始，專注最重要的事情

這本書是為了有以下這些煩惱的人而寫的：

①**【時間不足的煩惱】**

- 早起無法順利進行，或難以持之以恆，即使早起也難以取得成果。
- 即使早起，想做的事情也無法按照計劃進行。
- 有想做的事情，但工作繁忙，難以抽出屬於自己的時間。
- 希望減少加班，在規定時間內達成目標並完成工作。
- 工作時間長，對未來感到迷茫，看不到希望。

②**【對職業生涯和未來的煩惱】**

- 一直努力完成眼前的工作，但未能掌握專業技能，且感覺工作並非發自內心的喜愛，不知道未來該如何發展。

- 想做這個，也想做那個，即使這些事情並非過去工作或職業生涯的延伸，也忍不住涉足多個領域。
- 隨著年資增加，承擔的工作也變多，感覺生活似乎只為了工作，想改變這種狀態。

早安！我是晨間業務改革顧問池田千惠。

目前，我為企業提供關於如何改革員工工作方式和改善工作流程的諮詢、培訓和講座等服務；同時，針對個人，我經營著一個名為「朝キャリ」的社群，幫助那些對升遷、轉職、副業、創業或退休後生活感到迷茫的人走出困境，並協助那些想要透過早起改變人生的人，找到他們職業發展的方向。

我已經堅持早起生活26年，並進行11年的「朝活」研究。在此期間，我發現**「時間不足」**和**「對職業生涯與未來感到迷茫」**這兩大問題，其實可以透過善用早晨的時間，甚至是**僅僅利用一天開始的那1小時**就可以解決。然而，許多人難以養成「早起」的習慣，無法做好早晨1小時的準備。因此，本書將探討①**如何才能養成早起的**

習慣、②在早起後所獲得的時間中該做些什麼，並具體介紹一些方法。

在此之前，請允許我簡單說明一下為什麼我會從事向人傳達「早起」好處的活動。回顧過去，每次人生的轉捩點，早起總是扮演著關鍵的角色。我曾經充滿自卑，沒有好好正視自己，總是責怪周圍的環境，並且被過度的自我意識困擾著，但早起改變了曾經覺得「被嘲笑！」並心中充滿不合理憤怒的我。

我本來是夜型人，但從19歲開始，經歷過兩次大學入學考試失敗後，我決定挑戰早起。因為我感覺，依照以往的方式走下去，未來是沒有希望的。

我決定戒掉拖延的習慣，改為從早上開始以清醒的頭腦學習，這樣一來，不但專注力提升，心情也變得愉快，成績也提高了，最終考入了慶應義塾大學綜合政策學院。這就是早起帶給我的第一次成功體驗。

進入了理想大學後，原以為從此會一切順利，但事實並非如此。由於是勉強才考進去的，我努力學習卻還是沒拿到學分，成績也不理想，整體表現平平。相比之下，我沒有特別的興趣，但周圍的同學們既聰明又過著充實的日子，顯得光鮮亮麗。我不禁想，為什麼我不能像他們那樣呢……在這種困惑中，時間悄然流逝，我又回到焦慮和懶散的日子。

隨後迎來我的求職時期，但在這種情況下，當然無法順利找到工作。我收到三十家公司的不錄取通知，最後只有一家外食新創公司願意聘用我。然而，由於工作表現不佳，我逐漸陷入低潮，20多歲就成為公司裡的邊緣員工。

就在這時，我終於回憶起大學入學考試的成功經驗，重新振作起來，並再次挑戰早起。不僅逐漸在工作中獲得了認可，也成功轉職到外商策略顧問公司，擔任約聘員工。之後，我繼續保持早起的習慣，專心提升工作技能，並從約聘員工晉升為正式員工。此外，透過早起，我實現了考取興趣相關的資格證照，並且在公司允許下，我開始了週末創業。

這些經歷讓我於二〇一九年出版了《「朝4時起き」で、すべてがうまく回りだす！》（MAGAZINE HOUSE出版）。隨後，這本書出版了雜誌書和文庫版本，總銷量超過12萬本，並使我成為了「朝活第一人」。二〇二〇年，我推出了專為早起者設計的手帳《朝活手帳》，這本手帳至今已經超過10年，深受大家的喜愛。

隨著書籍和手帳的普及，越來越多人了解並開始參與「朝活」，這讓我非常感激，但同時也感覺「早上4點起床」這個詞語似乎已經開始被誤解和曲解。幾點起床才算早起，這並不重要。

不應該為了實現「早上4點起床」，而犧牲必要的睡眠時間。**在早上能夠集中精神的時間裡，處理對自己來說真正重要的事情才是關鍵**，因此不必執著於起床的時間。

那麼，在集中精力的時間裡應該開始做什麼真正重要的事情呢？那就是創造並實踐本書標題所提到的「早晨1小時」的**「早晨習慣」**。具體來說，就是**在前30分鐘分配當日任務，在後30分鐘進行朝著未來理想的實踐**。

本書是我自《「朝4時起き」で、すべてがうまく回りだす！》出版以來，11年間推廣「朝活」的經驗總結，並且介紹了在朝活中最重要的「優先順序設定」，可以說是「朝活的決定版」。如果你將本書中介紹的任務管理應用到你的「早晨習慣」中，前述的那些困擾將會得到解決。

本書由三個部分和額外內容構成。

在第一部分中，我們將揭示為何雖然想早起卻做不到的原因，並探討如何才能成功早起。

第二部分將具體解釋，如何在1小時中的前30分鐘進行當日任務的安排。

第三部分將解釋，如何在1小時中的後30分鐘進行朝著未來理想的實踐，也就是「播種」的具體步驟。

作為額外內容，在本書的最後將介紹一份「朝活的START UP」使用手冊，用來幫助制定「早晨1小時」。如果對於是否能夠成功早起仍舊感到不安的話，透過這本手冊，你將能夠將生活時間提前1小時，實現「早晨1小時」。

「早晨習慣」是什麼？

「早晨習慣」是指每天早上固定的行為習慣。一般來說，「習慣」是指熟悉的模式，通常被認為不應該改變。然而在本書中，我提議根據自己想成為的未來，適當地對「早晨習慣」進行戰略性調整。

正如「千里之行，始於足下」這句諺語所說，正是日常微小行為的積累，塑造出一個人的形象。如果想要獲得與以往不同的結果，那麼每天只需踏出一小步，就能讓你更接近理想。

早起最大的優點就是，可以創造人生中最為重要、也對自己未來發展最為必要的「播種」時間。

當習慣改變時，人生也會隨之改變。實際上，每當我遇到人生的轉捩點，心中出現「我想要這樣！」的想法或目標時，我便會運用早晨的時間來建立早晨習慣，最終實現我所期望的生活。

在考生時期，我的目標當然就是「成功錄取大學」。我驚覺到「依照以往的方式，未來是沒有希望的！」，於是將學習方式從熬夜死讀書、盲目報名名師課程等「不斷增加」的學習方式，轉變為有重點地「精選並聚焦」的學習方式。我將這種專注於一點的模式納入我的「早晨習慣」，最終順利通過了考試。

剛進入外食企業時，我曾因無法參與會議而感到懊悔，也曾在公司最需要人手的那天被告知「你可以休息」，這種被宣告為無用之人的無奈與失落，讓我深刻體會到「原來我工作真的做得不好」。然而，這些經歷成為我的動力，當時我心中渴望的目標就是「在公司獲得升遷與高度評價」。於是，我將回顧工作、擬訂行動計劃、徹底觀察那些能力出眾的人，以及閱讀提升商業技能的相關書籍，納入我的早晨習慣。結果，我慢慢地得到了公司的認可。

在轉職到外商策略顧問公司時，我從時薪一千多日圓的約聘人員開始做起。當時我的目標是「成為正式員工」。我被分配到專門負責資料製作的部門，這份工作要求在有限的時間內與顧問進行有效溝通，並在協商的同時確保能夠準確無誤地製作出所需的資料。因此，我透過「早晨習慣」檢視溝通時機、談判技巧，以及如何有規劃地製作資料的方法，並創造了改善的機會。最終，在一年內，我成功轉為正式員工。

當公司職員的生活步入正軌時，我決定「想要精通飲食這個興趣！」，並將與飲食相關的證照學習作為「早晨習慣」，成功取得了多項證照資格。在公司的許可下，我開始在週末擔任麵包教室的講師，並實現了工作與興趣的雙重平衡。

在離開公司獨立後，我決定「想將早起的好處傳達給更多人！」，並將寫作和發佈作為我的「早晨習慣」。因此，我成功地推出了專門用於早晨的手帳《朝活手帳》，並持續了10年。此外，我成為「早晨1小時」的業務改革顧問，並創立了朝活社群「朝キャリ」。

如果在每個階段中給自己「想達成的目標！」設定適當的優先順序，並將其納入早晨習慣，那麼你想做的事都可以實現。只要完成一早決定好的任務，就能遵守與自己的承諾，並將時間投入到重要的事情中，從而獲得充實感和自我肯定感。

隨著遠端工作與彈性工時的快速發展與普及，我們發現，到目前為止我們之所以能夠實現目標，是因為依靠著「到公司後在某個時間之前做什麼」、「不質疑既定規則並照常遵守」等「強制力」。然而，當未來不再強制要到公司才能上班，或者不再有強制性的工作時，我們需要靠自己的思維來規劃未來，並根據自己「想達成的目標！」，建立起能夠嚴格要求自己的系統。

也就是說，**將每天的「早晨習慣」調整到理想狀態，是在這個不確定的時代裡最**

能確實改變自己的方法。現在正是將邁向理想狀態的步驟習慣化為「早晨習慣」的最佳時機。

透過「早晨1小時」立即實現退休後的夢想

前些日子，當我在接受有關職涯的諮詢時，一位才30歲出頭的年輕人說出的話令我大為震驚。

「我的退休夢想是開一家小型選品店。」

或許這句話帶有些許羞澀或謙遜的成分，但即便如此，現在就談「退休後」還為時過早。

我對「退休後的夢想」感到違和感，是因為其中隱藏了以下這些心態。

- 認為夢想只能等到退休後才能實現的放棄心態。
- 明明是現在就想實現的夢想，卻選擇推遲、不願立即開始的拖延。

・因抱持者「等到差不多退休年紀時，自然會有辦法解決」的想法而停止思考。
・認為現在的自己根本無法實現任何事情的自我否定。

只要還抱持著「再等一下，等自己準備好一點再開始吧」的想法，那個「準備好」的時刻就永遠不會到來。**為何不藉此機會戒掉以現在「不行」為前提來過日子的習慣呢？**

正如前面所說的，我曾經也是那種會跟別人比較而感到沮喪的人，所以我非常理解這種心情。但大多數的人往往會忽視當下自己所擁有的珍貴資源，只看到自己所沒有的東西，並為了得到自己缺少的東西而浪費寶貴的時間，這是很可惜的事。

即使後悔自己不夠好，也無法改變現狀。

總會有可以向前邁進的辦法。而需要做的就只是，透過「早晨1小時」向前邁出那一步而已。

至此，我要介紹一句一直鼓勵著我的話語。這是美國企業家Ben Horowitz在《HARD THINGS》（日經BP）中寫的話。

「欣賞自己獨特的性格，珍愛自己的成長背景，相信自己的直覺。成功的關鍵就在這裡。」

也就是說，人們只能列舉自己擁有的「某些東西」，並且只能用自己擁有的「某些東西」來奮鬥。

那麼為什麼不嘗試在自己身上找看看「可以取勝」的地方呢？

未來不一定是過去的延續。實際上，正如我在「朝活」中所實現的那樣，無論過去多麼絕望，都有可能發生大逆轉。我們完全可以獲得自己現在無法想像的美好未來。但是，這絕對不會在你「退休後想做這些事，但現在要忍耐」的心態下實現。

立刻實現夢想的武器＝只需要「早晨1小時」就能完成的早晨習慣。如果可以在「早晨1小時」的習慣中專注於「當下應該做的事」，並設定優先順序，確實完成所決定的事項，那麼你將能從充實感中獲得前進的力量，而不是在不安中踱步。

即使在某一天「早晨1小時」的任務管理失敗了，但從一年來看，那也僅僅只是365天中的一天而已。為了能每天做出小挑戰與反覆改進，重要的是每天設定優先順序與專心處理任務，並養成檢視自己完成度與反思任務安排是否得當的習慣。當你學會在「早晨1小時」中從重要的事情開始著手時，你的人生將會產生戲劇性地變化。

前言
早晨的優先順序決定人生的成敗
——從早晨開始，專注最重要的事情……1

Section 1

至今為止無法成功「早起」的原因

「設定優先順序」是「早起」的關鍵……20
「早晨1小時」的早晨習慣，讓你明確優先順序……27
「早晨1小時」讓你獲得專注力與成就感……29
用「早晨1小時」為未來的自己種下種子……36
優先順序可以透過「時間」×「風險容忍度」+「人際關係」來分類……42
透過「一個小動作」讓任務清單中的優先順序「一目了然」……49
完成分類後從早上9點開始輕鬆應對……54

Section 2

「前30分鐘」規劃好一整天的任務

──打造提升表現的「最強清單」

用「前30分鐘」初步確定任務……56
不習慣的時候先遠離網路……68
準備專用筆記本與筆……72
最大化「前30分鐘」的分類3步驟……74
1. 將今天的任務毫無保留地全部寫出來……76
2. 用四種顏色分類，辨別「播種」階段……81
3. 對「播種」進行分類，並使其處於可執行狀態……88
為每個「播種」準備一張紙……93
如何判斷哪些細節需要拆解……96
每週、每月的「任務盤點」以防止遺漏……107
每3至6個月調整一次對夢想的解析度……113

Section 3

「後30分鐘」為夢想「播種」並向前邁進

這種時候該怎麼辦？——面向未來的「播種」分類法……120
專注於可控的事情，打破「職涯迷惘」……124
「自卑感」與「擅長的事」中隱藏著你的優勢……128
可以使用5W2H將希望的觀察任務化……132
將晨讀作為「播種時間」的方法……136
工作的「一人自我批評」讓你能夠客觀地看待……139
如何安排工作與人生的優先順序……141
如果你為工作中沒有「播種」而煩惱該怎麼辦？……144
「收割」的標準化也是一種「播種」……148
「將熱愛變成工作」的早晨活動舉辦方式……151
開始「自我測試行銷」吧……153
將「熱心助人」轉化為「播種」的方法……156

Plusα contents

將經驗轉化為可販售的商品……159
真正的「工作方式改革」從質疑規則開始……163

即使再忙，也能創造「早晨1小時」的「START UP」法則

早起的心態準備……168
環境調整「START UP」法則……173
「Sleep（睡覺）」：確保最適當的睡眠時間
「TARget（設定目標）」：根據不同志向設定播種計劃
「Time（時間）」：自動化早上的事務，為播種計劃創造時間
「back UP（備份計劃）」：為了不讓自己因失敗而沮喪，制定備份計劃
下一步1 設計理想的時間表
下一步2 調查現狀的時間使用情況
遇到困難時，五個早起的小技巧！

結語
──「早晨1小時」讓工作和私人生活都能隨心所欲！……201

讀者特典
早起活動 電子郵件影音講座……204
朝活社群「朝キャリ」……205

※QRcode分享網站有時會因為網站等狀況，未預先告知就變更或移除；如為外文，恕無法提供翻譯。造成不便，還請見諒。

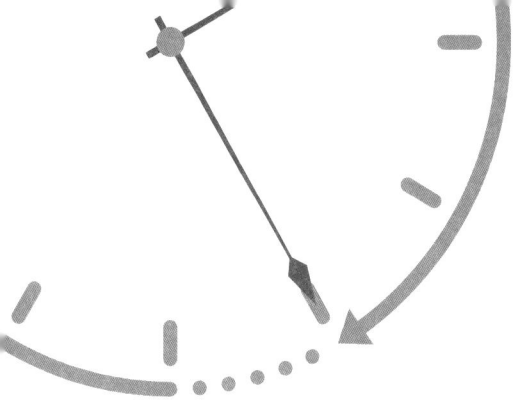

Section

1

至今為止
無法成功「早起」的原因

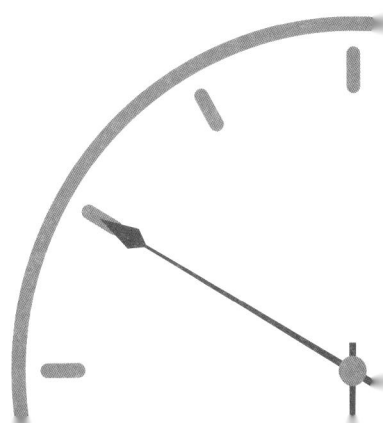

「設定優先順序」是「早起」的關鍵

在指導人們如何早起的十年多裡，我注意到那些無法順利早起、無法堅持早起，或者雖然早起了卻難以取得成果的人，往往有一些共通的特徵。那就是「①不知道如何設定優先順序」、「②優先順序設定錯誤」、「③容易在過程中迷失目標」。你是否也有過類似的經驗呢？

①【不知道如何設定優先順序】

- 安排了許多應該做的任務，結果卻無法完成任何一項。
- 無法判斷自己當下最需要的是睡眠或休息。
- 參與了自認為有社會價值的專案，努力付出卻得不到應有的認可。

②【優先順序設定錯誤】

- 總是被上司追問「那件事進度如何？」，即使自己努力講求細心與謹慎，但在上司眼中卻被認為「工作速度太慢」，評價不佳。

- 嘗試「3天減3公斤」這類不切實際的減肥方式，或反覆暴飲暴食，結果始終無法成功減重。
- 明明夫妻雙方都有結婚並生育孩子的想法，且生育的時間限制也逐漸逼近，但因為現在正處於事業衝刺期，所以沒有深入思考這件事。
- 想成為能夠在國際舞台上發光發熱的人才，於是開始學習英語，卻忽略了培養真正能讓自己發揮影響力的能力，導致始終無法實現目標。

③【容易在過程中迷失目標】

- 每隔半年就更換想要效仿的榜樣，結果多年來一直在尋找理想典範，導致遲遲無法確立方向。
- 認為「人生100年時代」已經來臨，想為公司職員生活之後的未來做準備，於是選擇就讀在職專班，但光只是學習，最終沒有真正付諸行動。
- 因應副業解禁的趨勢開始經營副業，卻沒能與本業產生加乘效應，反而淪為單純出賣時間的勞力工作，變成「一人黑心企業」的狀態。

如果上述例子有任何一項與你吻合，那麼你可能正處於「職涯迷惘」的狀態。

根據我的經驗，一旦陷入「職涯迷惘」的狀態，人生與職業的發展方向就會變得模糊，搞不清楚自己該做什麼或想做什麼，只是按照時間順序、突然冒出的想法、他人的指示。

或周圍的期待來推動事情發展。結果就是，優先順序變得混亂，錯失行動的時機，或是將時間浪費在當下不需要做的事情上。

為了擺脫這種「職涯迷惘」的狀態，我推薦的方法是，在早上將自己最重要的事情轉化為任務的「早晨習慣」。因為早起能幫助我們實現以下三點，並訓練「設定優先順序」的能力。

1. **重新檢視過去的生活習慣。**
2. **充分確保睡眠時間。**
3. **在早上的時間裡專注於最重要的事情。**

如果可以減少不合理、浪費以及不穩定，將精力集中在真正該做的事上，就能同時確保足夠的睡眠時間。只要養成早起的習慣，就可以擺脫「時間不夠、總是很忙……」的狀態。

資訊過多才是問題所在

為什麼會有越來越多的人把手段與目的混淆，或者在設定優先順序時感到迷惘呢？我認為「資訊過多」是其中一個主要原因。

根據IDC《A Digital Universe Decade. Are You Ready?》的報告，從二〇〇〇年到二〇二〇年這20年間，人們所接觸到的資訊量暴增了6450倍。

當資訊過載時，人們會因為選擇過多而變得猶豫不決。

例如談及減重，就有各種不同的說法。有些人主張應避免攝取碳水化合物，但也有人認為碳水化合物是日本傳統飲食均衡所必需的，所以一定要攝取。

不同的觀點各自有其道理，而每個人都有自己獨特的視角，因此越來越多人陷入「到底該參考哪一種說法呢？」的困惑之中。

這通電話，現在真的有必要接嗎？

對優先順序的判斷不夠嚴謹，甚至會體現在工作中的一通電話上。

舉例來說，像是「無法忽視現在不必接的電話」或是「不立即回覆不重要的郵件就無法安心」這樣的情況。

當然，也有在當下的時間點必須回覆的情況，所以並不是說要完全忽視所有的郵件或電話。然而，若是只按照時間順序進行工作，時間自然會不夠用。

有些人容易陷入這種情況，一聽到別人的請求就會不自覺地回答「好的！我很樂意！」。雖說被他人依賴是件令人愉快的事情，想要幫助對方的心意是很了不起的事情，但是你有沒有發現，為了回應他人的請求，反而越來越少時間去做自己真正想做的事或該做的事呢？時間和生命一樣珍貴。把時間都用在別人身上，只把剩下的時間留給自己，若說這樣的生活方式無異於是在縮短自己的壽命，也一點都不誇張。

為了告別被他人掌控人生、四處奔波的生活，並培養出依照自己意志選擇人生的能力，早起無疑是最理想的方法。

即使不擅長早起，「上班前1小時」也能改變現狀

- 我需要長時間的睡眠，無論如何都需要睡滿8小時才能清醒。即使晚上10點就寢，也要早上6點才能起床。
- 雖然有早起，但忙著準備送孩子出門，一轉眼時間就過去了，根本沒有自己的時間。
- 我的工作會需要排晚班，起床時間無法固定。

即使有這些困擾也沒關係！**關鍵並不在於「幾點起床」或「起床時間的早晚」，而是能否在「上班前」創造出「1小時」能夠專注的時間**。只要能做到這一點就足夠了。例如，如果你的晚班是從下午4點開始，那麼在下午3點到4點之間，也就是工作正式開始前的這段時間，嘗試本書介紹的方法也沒有問題。

事實上，我自己目前也在養育4歲的兒子，並同時實踐這套方法。我的兒子天生

就很早起，通常在凌晨4～5點，最晚早上6點就會醒來，因此目前的早晨時間幾乎都投入在育兒上。

在這種情況下，我將送孩子去托兒所後，利用早上8到9點之間的時間進行「早晨習慣」。這樣就能充分發揮作用。

如果通勤需要1小時，且早上只有這段時間是自由的，那麼也可以好好活用通勤時間。即使是在擁擠的電車裡，也可以透過電子郵件或備忘錄等應用程式；開車上班的話，可以使用語音輸入。只要按照本書介紹的任務分配來進行就完全沒有問題。

時間就像存款，若沒有堅定意志，以「有剩再存」的方式便很難存下錢。就像總說「有空再做」，卻始終被忙碌牽著走。如同存款帶來安全感，若能擁有「早晨1小時」的時間存款，也會讓人更從容，並勇於挑戰那些因未來不確定而遲遲未做的事。

在過於匆忙的每一天裡，試著確保一段安靜的時間來面對自己。僅僅這樣，你就能逐漸從那種焦慮卻什麼都做不成，總是白忙一場的狀態之中解放出來。

「早晨1小時」的早晨習慣，讓你明確優先順序

「設定優先順序」是常聽到的話語，但這是個極其模糊的說法。

原因是，「優先順序」會隨著情況隨時產生變化。

有時候「處理迫在眉睫的事情」會成為優先事項，而有時候「雖然現在不急，但如果現在不做，之後會變得很麻煩」的事情也會成為優先事項。

如果一直過著忙碌的生活，我們會誤以為處理緊急的事情才是最重要的。然而，實際上，**是否能有效利用時間，取決於能否隨時準備好處理「優先度高」的事項（即那些不緊急，但如果現在不做，之後會變得很麻煩的事情）**。

我們常聽到「直覺」很重要，但當我們在決定優先順序時，說「這個非常重要！」、「這個現在就該做！」時，沒有什麼比「直覺」更不可靠的了。

為什麼呢？因為我們往往會不自覺地優先考慮自己已經習慣的判斷方式。例如，在前面提到的「好的！我很樂意！」型的人，當對方提出要求時，他們會放棄自己的計劃，努力去幫忙；而不到截止日期就不會行動的人，則會優先處理日曆上標註最後期限的事項。

那麼，請先暫停並好好思考一下。

你現在早起想達成的目標，是你迄今為止所做的事情的延續嗎？你想早起並空出時間，是因為你想提升自己對嗎？你那「含糊的」的直覺真的能引導你走向正確的方向嗎？**如果你想走不同的路，就必須創造不同的流程**。

能達成這一點的方法，就是根據重要性和緊急度來分類一天的任務，也就是「早晨習慣」。

「早晨1小時」讓你獲得專注力與成就感

為什麼是「早晨1小時」呢？讓我再詳細說明一下。

1. 只需稍微改變日常習慣，很容易開始進行。
2. 與實際行動之間的時間差很短。
3. 大腦不會感到疲勞，所以能夠更快進行工作。
4. 結束時間已經固定，不會拖延。
5. 能獲得小小的成就感，也能維持生活與工作間的平衡。
6. 因為沒有干擾，能夠全心投入並集中。

接下來我將一一說明。

1. 只需稍微改變日常習慣，很容易開始進行

即使是覺得凌晨4點起床很有難度的人，只要稍微改變一下平時的習慣，早起1小時應該也是可以做到的。當然，能夠早起1小時的技巧，我會在書末的附加內容中詳細告訴你。

2. 與實際行動之間的時間差很短

晚上讀書時，會覺得「哦，這樣啊，明天試試看」，但隔天一早醒來卻忘記了嗎？在電車移動時，讀了一篇網路文章，覺得很不錯，想到要試試看，但到了目的地卻又忘記了嗎？

如果在早上就把任務分配好，並在工作開始後立即做好全力以赴的準備，那麼就不會有「不小心忘記了」的情況。這樣可以在有限的時間內集中注意力，不會分

心，同時也能夠立刻開始實踐你想到的點子。常說「打鐵要趁熱」，把學到的知識不間斷地付諸實行，能使你提升各方面技能。

3. 大腦不會感到疲勞，所以能夠更快進行工作

早上進行任務管理會比其他時候更快完成工作，因為大腦此時「還沒有感到疲勞」。在與多本睡眠相關書籍的作者、早稻田大學副教授兼精神科醫師西多昌規先生的對談中，他提到過以下幾個觀點。人類透過睡眠將記憶、情緒與經驗進行整理。也就是說，早上是最沒有多餘經驗，且大腦處於最「不疲勞」狀態的時候。醒來後，隨著時間的推移，大腦逐漸被大量資訊填滿。由於注意力有限，到了晚上專注力會逐漸下降，這就是所謂的「疲勞」狀態。在這種情況下，若思考過度，容易陷入無解的思維循環，憂慮加劇，甚至讓情緒失控。

但是在早上的話，不僅可以透過情緒和事實的過濾裝置，來冷靜地回顧許多事物，甚至可以進一步落實未來的行動計劃。

4. 結束時間已經固定，不會拖延

透過早上一小時集中精力處理事情，可以避免在決定優先順序時猶豫不決、浪費時間。相反地，到了晚上往往會陷入「還有很多時間」的錯覺，導致事情遲遲無法完成。設定「僅早晨限1小時」的時間框架，能讓人產生有效利用有限時間來規劃工作的意識。

5. 能獲得小小的成就感，也能維持生活與工作間的平衡

即使在理智上明白某件事很重要，卻總是難以著手執行的，往往就是那些雖然不「緊急」，但優先度卻很高的「播種」工作。

舉例來說，假設你一直以來的工作模式是不分日夜、經常出差，但因結婚後希望調整為盡量避免過夜出差的工作方式。為此，你需要準備與公司進行職務調動等相關

談判，思考如何說服你的上司。而這，正是關乎你人生發展的「播種」行動。

然而，許多人在忙碌的日常中隨波逐流，不斷回應公司的期望，覺得與公司談判既可怕又麻煩，甚至認為自己過去累積的職涯經驗不該浪費，於是選擇維持現狀，最終因此怠慢了能促使自己向前邁進的「播種」行動。但即使你拼命努力到身心俱疲，公司也不會為此承擔後果。所以請在陷入痛苦之前，優先在早上第一時間處理最重要的事情。

只要像這樣，在早上的時間思考「播種」事項，並邁出行動的第一步，就能獲得「從最重要的事情開始著手」的成就感。

關於職務調動的具體「播種」行動，可以參考一下幾點。

- 事先調查職務調動的可能需要的條件。
- 開始與上司及更高層的主管進行事前交涉。
- 將自己正在負責的工作整理好，以便順利交接。

・為避免調動被視為個人任性要求，在接下來的半年內準備好展現成果。
・開始準備考取有助於調動的資格證照。
・準備並提出替代方案，而不是只說「我想調職」。

就像這樣，將「其實很想做，但因為忙碌或顧慮周圍而遲遲無法實行的事情」具體列舉出來，並逐步推進吧。

6. 因為沒有干擾，能夠全心投入並集中

你是否聽過由義大利顧問法蘭西斯科・西里洛（Francesco Cirillo）所提出的「番茄鐘工作法」（Pomodoro Technique）？這是一種透過重複進行專注25分鐘後，休息5分鐘來提升生產力的方法。

關鍵在於「在有限的時間內」、「不受干擾地集中精力」，而這兩點在早上的時間段最容易實現。

在番茄鐘工作法中，25分鐘的專注加上5分鐘的休息被稱為「1個番茄鐘」，完

成4個番茄鐘後，會進行20～30分鐘的長休息。然而，在忙碌的早晨，要騰出2小時來實行這個方法可能不太實際，但如果將「早晨1小時」視為30分鐘×2個番茄鐘，是不是就覺得輕鬆許多了呢？

透過兩組25分鐘的專注＋5分鐘的休息來集中注意力，並列出當天需要完成的工作以及未來需要播種的詳細清單，讓自己在開始一天的工作時只需按部就班地執行。

如此一來，不僅能提高工作效率，還能創造更多時間，投入真正想做的事情。

用「早晨1小時」為未來的自己種下種子

本書所介紹的早晨習慣，是將前30分鐘用來規劃一天的工作，後30分鐘則用來辦識並推進那些不緊急但重要的「播種」事項。

播種對你的人生至關重要，因此，請允許我再多做一些說明。

許多人明明知道「播種」的重要性，卻往往忽略它們。這是因為雖然「播種」很重要，但卻不知從何著手，加上思考起來又令人感到麻煩。

無論是為了職涯發展、提升自我、進修學習，大家都有許多想要執行的「播種」事項。在工作時，經常會充滿幹勁地想著「下次我要做這個！」，但當真正迎來假日或有空閒時間時，卻提不起勁，渾渾噩噩地度過。這是因為「播種」事項沒有被整理成具體的待辦任務，讓自己能隨時動手實行。

如果總是想著「還有時間」、「先把緊急的事情處理完」並且不斷拖延，最終會被「播種」計劃反噬。眼前那些有確切期限的工作，永遠會緊追著你不放。只要抱持著「等忙完再做」的想法，就永遠無法真正開始。正因如此，**學會將不緊急但對人生很重要的「播種」部分，轉化為可以立即著手執行的狀態，也就是將其「任務化」，是非常重要的。**

剛才舉的是工作的例子，健康管理同樣也是「播種」的一部分。我們都知道「多吃蔬菜有助於健康管理」、「定期做有氧運動對身體有益」，但如果每天只吃自己愛吃的炸物，又總是偷懶不運動，健康狀況便會逐漸惡化。等到健康檢查出現異常，才驚慌失措、後悔不已的人也不在少數。

珍惜與家人相處的時光，若家中有年幼的孩子，在早上安排閱讀繪本、一起學習或散步的時間，也是「播種」。為了應對副業解禁，盤點過去的經驗，並檢視目前的工作是否具有「轉換跑道的能力」，也是一種「播種」。此外，為了增加資產，學習股票投資或房地產知識，同樣屬於「播種」。無論是工作還是私人生活，所有的「播種」事項都可以透過每天早晨1小時，將其整理成具體的任務並付諸行動。

白天的時間過得飛快。如果能夠在早上就對每一個任務的優先順序進行區分與整理，那麼對於自己在人生中認為最重要的事情，以及為了這些事情應該做什麼（＝播種），就會變得清晰明確。

要找出對自己而言真正重要的「播種」事項，應該重新審視那些只是「姑且先做」、「以防萬一」而隨意帶過的事情，從「這真的有必要嗎？」的角度來重新評估優先順序。這樣一來，也能看清哪些是因舊有習慣而持續進行的工作，可以刪減以提升生產力。

根據志向而不是立場來尋找榜樣

為了決定優先順序，很多人會選擇參考網絡上的話題人物或名人的生活方式。

在這個過程中，重要的不僅是參考對方當前的身份立場或環境，例如「20多歲的上班族」、「企劃職位」、「職業媽媽」、「小孩是小學生」等，**而是要關注他們是以怎樣**

的志向來看待自己的工作與私人生活。

例如，有些職業媽媽覺得整天思考工作並不是負擔，甚至樂於將工作與私人生活結合在一起，不太在意家裡是否整潔，只要孩子吃得好、睡得足就可以了。與此相對，另一種職業媽媽則熱衷於整理家務，關心居家環境、室內設計，並將孩子的飲食內容視為最重要的事情。這兩種媽媽的優先順序截然不同。然而，若僅從「職業媽媽」這個身份來尋找參考對象，便無法獲得真正有用的參考價值。

正因如此，若忽視「每個人對優先順序的判斷本來就不同」這一前提，而一味尋找並迎合某個榜樣，就無法真正找出自己應該優先重視的事情。

現在的我們需要的，不是尋找與自己處於相同環境或境遇的人來模仿，而是**先思考自己想要過怎樣的人生，在哪種狀態下感到幸福。**

也就是說，應該先明確自身的「志向」，再去觀察擁有相同「志向」的人是如何決定優先順序，並將這些方法付諸實踐。

人生階段的變化會改變優先順序

優先順序不僅容易因思維習慣而出錯，也會隨著家庭環境與人生階段的不同而有所變化。

以剛才提到的職業媽媽為例，對於熱愛工作並以此為人生意義的職業媽媽而言，在事業上所取得的成功，可能就是她的「播種」；但對於熱愛整理家庭環境並視其為生活重心的職業媽媽來說，為了讓家中能被自己喜愛的裝潢與擺設所圍繞，其所做的準備才是她的「播種」。

我們經常看到上市企業的社長分享商業理論並成為媒體報導的焦點，但即使同樣是「社長」，其「播種」的方式也會有所不同。從基層一路晉升到社長職位的人，與創辦新創企業的創業型社長，他們所需要的「播種」方向截然不同。此外，想要達成目標時，是願意暫時減少資金並大膽投資，還是認為絕對不能動用自己的存款來投資，這樣的價值觀差異也會影響「播種」的方式與內容。

隨著年齡增長，人生的志向也可能發生變化。20多歲剛開始工作時，或許會將工作擺在最優先的位置；但到了30多歲結婚後，若把孩子送去托兒所的同時也向公司申請了縮短工時，就無法再把工作放在首位。此外，伴侶是否願意分擔家務與育兒，也會影響優先順序的改變。

僅憑「職業媽媽」「行政職」「企劃職位」等標籤來決定理想，容易錯判優先順序

職業媽媽	如果可以的話，想把所有時間都投入工作，努力賺大錢的職業媽媽。
	以最小的努力追求高效益，不想浪費時間與精力的職業媽媽。
	只在早上9點到晚上5點工作，其餘時間都用來培養興趣的職業媽媽。
自由工作者	身兼多職、事業心強的女性自由工作者。
	依靠專業知識，在短時間內賺取高收入的自由工作者。
	每週工作2天，月入20萬日圓也能幸福生活的自由工作者。
創業家	透過IPO快速致富，40歲就能提前退休。
	一人創業，出訪世界各地的企業家。
	擅長改革、打破僵化組織的專業經營者。

有很多種選擇，但是要以哪個為目標呢？

優先順序可以透過「時間」×「風險容忍度」＋「人際關係」來分類

那麼，該如何做才能了解自己的「志向」，並為人生設定優先順序呢？

解決方案是，**根據時間X風險容忍度＋人際關係這三個維度，依據不同的人生階段來決定當下的優先順序，並調整「播種」的內容**。

接下來的圖表整理了時間X風險容忍度＋人際關係的概念。橫軸代表時間（是希望明確區分工作與生活，還是更靈活地融合），縱軸則是風險容忍度（可以接受一定程度的風險，還是偏好穩定與安全）。背景中的三種類型（個人主義型、團隊合作型、臨機應變型）則顯示了在工作中對人際關係的不同態度。

透過這個圖表，可以清楚釐清過去模糊不清的個人「志向」，避免因為各種不同立場的意見而動搖，從而誤判自己的優先順序。

沒有人會在未確定目的地的情況下航行於波濤洶湧的大海，也沒有人會在不研究登山路線的情況下攀爬富士山。現在，讓我們利用這張圖表，思考自己目前所處的位置，以及未來想朝哪個「志向」前進。你因忙碌而迷失方向、不知道自己正朝哪裡前進時，這張圖表能幫助你確認當前位置，並明確前進的方向。

在此基礎上，進一步將一年、一週、一天的優先順序具體化。

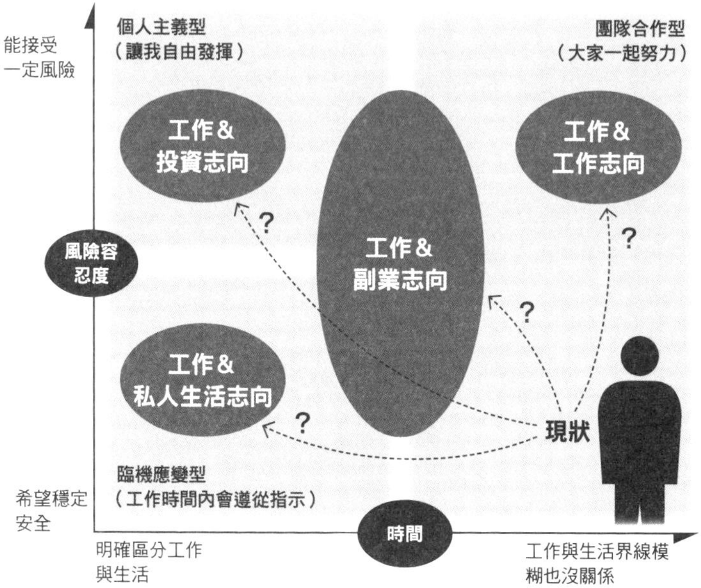

根據「時間」X「金錢」+「人際關係」，早上該做的任務會有所不同

每種「志向」的大致特徵如下：

工作&工作志向

□願意將自己的所有時間投入工作，腦中隨時都在想工作。
□非常熱愛工作，一旦投入就會廢寢忘食。
□想在公司取得好成績並賺取高薪。
□喜歡與夥伴一起完成目標。
□能夠將公司的目標視為自己的目標。
□為了在工作上取得好成績，願意投入時間學習。

工作＆私人生活志向

□工作時間內會全力以赴，但下班後不想再碰工作。
□在工作時間內，對於按指示完成任務沒有抗拒感。
□想將時間用在自己的興趣與熱愛的事物上。
□不希望為了工作而犧牲家庭生活。
□不願意動用自己的存款。
□相較於金錢，更希望擁有自己的自由時間。

工作＆副業志向

□對於下班後再做其他工作沒有抗拒感。
□認為成長需要跨領域的經驗。
□想測試自己現在的工作技能在其他領域是否可行。
□擔心自己待在目前的公司會成為「井底之蛙」。
□喜歡多方面學習。

□喜歡與不同產業、不同領域的人交流。

工作&投資志向

□不想將所有的時間都投入工作。
□不想被時間、地點或金錢所束縛。
□為了達成遠大目標，即使暫時失去金錢也無所謂。
□想按照自己的方式做事。
□只想與自己喜歡的夥伴共事。
□希望以最小的努力獲得最大的效果。

重申一次，「志向」會因為結婚、懷孕、育兒、照顧父母等人生階段和立場的不同而改變。你可以將重心放在某個「志向」上，也可以同時兼顧其他「志向」。

例如，現在因為想一邊照顧年幼的孩子一邊工作，所以選擇「工作&私人生活志向」，但遲早有一天會希望轉向「工作&副業志向」，所以可以提前規劃並分配任

根據人生階段的不同而變化，比例也不同（以池田為例）

學生時代	工作&工作志向 夢想成為職場女強人。
第一份工作	起初是工作&工作志向，拼命工作直到能獨當一面。 之後因長時間工作感到疲憊，轉為工作&私人生活志向。
第二份工作	目標是成為正式員工→工作&工作志向。 工作&私人生活志向→開始考取興趣相關的資格證照。 工作逐漸穩定→開始轉向工作&副業志向，開設料理教室。
成為獨立自由工作者	一開始為了生存，仍以工作&工作志向為主。
生產並成立公司	不想再經營一旦自己倒下，業務就無法運作的生意→因此在保持工作&工作志向的同時，逐步轉向工作&私人生活志向。

務。在早上的一小時裡，可以花30分鐘按照「工作&私人生活志向」做好提高工作效率的準備，剩下的30分鐘則可以根據「工作&投資志向」，研究那些透過房地產投資、股票等方式賺取被動收入的人，這也是一種時間運用的方法。

一旦決定並不代表就此結束，也不是說一旦選擇了某種「志向」，就必須一直堅持下去。

我們應該適時回顧當前的優先順序，根據當下的狀況重新評估。

如上圖所示，我自己的「志

向」也是不斷變遷的。未來也打算隨著人生階段的變化而靈活調整。

了解「志向」才能確定「現在應該努力的方向」

為什麼一開始了解自己的「志向」如此重要？因為這能幫助你明確區分「現在必須努力的事」與「可以暫時放一放的事」。

當你能夠合理分配工作與生活的比例，就不會被外界的意見左右，而是專注於真正該做的事情。

如果目標清晰，就不會因為「最好還是做一下」、「以防萬一」、「姑且先做」這類模糊的事情而耗費過多時間，讓自己忙得團團轉卻沒有實質進展。

首先，先了解自己的志向，然後再根據這個基準來篩選每天的任務吧！

透過「一個小動作」讓任務清單中的優先順序「一目了然」

許多人平時就已經習慣將工作或家務等日常事項列入任務清單。你不需要徹底改變現有的方法，只要在原有的基礎上，注意以下三個重點即可。

1. **利用早上的1小時集中精力，一鼓作氣地完成關鍵事項。**
2. **根據緊急度X重要度將任務分為四種顏色。**
3. **將「播種的步驟」細分，並確保其處於可以立即執行的狀態。**

建議將任務分配到以下矩陣中，並使用四色原子筆進行顏色標記。

1 不緊急X重要：播種的紅色

2 緊急X重要：收割的綠色

	緊急	不緊急
重要	收割 綠色 2	播種 紅色 1
不重要	疏苗 藍色 3	鹽漬 黑色 4

3 緊急X不重要：疏苗的藍色

4 不緊急X不重要：鹽漬的黑色

數字大小代表人生中優先順序的高低順序。

1 不緊急X重要的部分，往往容易被忽視，但實際上是對未來影響最大且最為重要的。每天的努力至關重要，最終會像種子發芽，開花結果，因此我們稱之為「播種」。用表示重要度的紅色來標註。

儘管我們認為這部分很重要，但卻常常難以開始，這是因為「播種」部分的重要性有以下三個原因。

1. **因為沒有迫切感，所以沒有危機意識。**
2. **要做的事情涉及許多方面，不知道該從哪裡開始著手。**
3. **難以看見進展，因此無法維持動力。**

因此，需要將「播種」部分在「早晨1小時」內仔細拆解，並將其處理成可以立即開始的狀態。

2 緊急X重要是指，與當前生活或工作直接相關的事情，因此稱為「收割」。我們可以用代表收割的綠色來標註。

3 緊急X不重要的是，即使不做也不會有太大影響，但因為眼前的情況，我們會感覺需要立刻處理。例如前面提到的電話或電子郵件等，這些可以在空閒時間一次處理完畢。

這部分稱為「疏苗」，用藍色來標註。

4不緊急X不重要的事情，本來就沒有做的意義，然而卻因為停止思考而繼續做，所以稱為「**鹽漬**」，並用**黑色**標註。

透過顏色分類來整理工作，實際上是每天問自己：在自己的人生中，真正重要的是什麼。

進行顏色標註後，可以一眼看出今天要做的任務處於哪個階段。**一天中需要優先處理的是「播種的紅色」和「收割的綠色」**。當然，「疏苗的藍色」和「**鹽漬的黑色**」也不能完全忽略，但認識到「現在是在進行疏苗」或「在推進鹽漬的任務」時，就能避免花費過多不必要的時間。

當你習慣後，即使不製作任務清單，日常生活也會自然而然地呈現出四種顏色。

例如，在會議進行中，「前10分鐘是回顧上次的內容，這些可以用郵件確認，所以是

『疏苗的藍色』，不需要認真聽也可以」、「40分鐘後終於開始討論『播種的紅色』，我要認真聽」等等。隨著這種方式，工作中該削減的不合理、浪費以及不穩定的部分也會變得更加清晰，生產力也會提高。由於每次的判斷都會進行顏色分類，因此在安排計劃時，不會再有「先隨便寫下來吧」這樣模糊的決定，從而培養出更強的判斷力和應變能力。

如果將這項作業培養成早晨習慣，就能擺脫「始終無法著手未來計劃」或「沒有時間思考自己真正想做的事情」的煩惱。是否浪費寶貴的時間，還是將它轉化為投資，關鍵就在於是否能在「早晨1小時」集中思考事情。

此外，關於「3.將『播種的步驟』細分，並確保其處於可以立即執行的狀態」，具體方法將在Section2中進一步說明。

完成分類後
從早上9點開始輕鬆應對

如果能在上班前完成最耗時但對人生至關重要的「篩選播種任務」與「分類整理」，那麼接下來的工作就能輕鬆推進。

無論做什麼事，最令人卻步的往往是開始前的那一刻。與其在最後關頭拼命衝刺，不如從一開始就打好基礎更為關鍵。試想一下，若能在早晨一開始就讓自己處於「接下來只要執行就好！」的狀態，心情是否會更加積極正向呢？只要事先準備好能立即開始執行的狀態，即使在工作途中被人搭話，或因突發案件而被中斷，也能迅速回到原本的任務上。

Section

2

「前30分鐘」規劃好一整天的任務

── 打造提升表現的「最強清單」

用「前30分鐘」初步確定任務

將一天的預定事項任務化並決定優先順序的過程，有助於釐清什麼對自己最重要、應該捨棄哪些事項，並培養對日常決策負責的態度。人生就是一連串的選擇。如果因為忙碌或覺得還有時間而一再拖延決策，最終回頭看時可能會留下深深的遺憾。

早上的任務整理，是找出對自己來說不可妥協的「播種」事項並加以推進的過程。這可說是檢視自己真正重視什麼、想要過怎樣人生的試金石。即使任務化了也沒能在一天內完成的話，就能看出自己不足的地方。而當不足之處變得明確，應該補強的部分也就一目了然。若自己無法完成，也能做出將其交給擅長者的判斷。

任務化帶來的7個好處

當你能夠將任務化融入「早晨習慣」時，將帶來以下七個好處。

1. 養成「決策習慣」，加快行動力。
2. 排除「以防萬一」的過度思考。
3. 能夠更準確地估算自己的工作量。
4. 不再過度承擔工作。
5. 逐步累積自己的工作FAQ（常見問題集）。
6. 能夠分辨必要的加班與應該避免的加班。
7. 提高白天的專注力。

接下來我將一一說明。

1. 養成「決策習慣」，加快行動力

這真的是「現在」必須做的事嗎？

這是我該做的事情嗎？

在忙碌的日常中，儘管內心有這樣的想法，但由於立場的關係無法說出來，或者覺得說了反而會變得麻煩，於是決定不說。甚至連思考的時間都覺得浪費，結果不自覺地開始動手做了起來。你有過這樣的經驗嗎？

其原因在於，沒有養成「決策習慣」。

舉例來說，需要花很長時間來回覆郵件的人，通常是因為他們沒有決定好「應該從對方那裡獲得什麼樣的回答」；而那些一邊說「總是花這麼多時間處理這個工作」，卻不自覺地浪費時間的人，並沒有下定決心改善自己的工作內容。

持續進行任務化，能夠培養出「決策習慣」。所謂的決策習慣，換句話說就是明確自己的價值觀與喜好，並能夠迅速作出判斷並分配任務的能力。

每天的事情是否有意義，取決於你是決定「做！」還是隨便度過。這將大大影響一天的成就感和充實感。首先從小事做起，養成立即做決定的習慣吧。

即使那個決定是錯誤的，做出決策的能力也會確實增強。隨著積累，判斷力本身的精確度也會提高，整體的工作時間也能縮短。

2. 排除「以防萬一」的過度思考

如果在「早晨1小時」集中精力來進行任務分配的話，就不會被一天當中「這個那個」的所有資訊所塞滿，可以列出一個精心挑選過的清單。

舉例來說，明明是只需要對方進行最終確認的資料，卻經常以「以防萬一」，這是目前的進度」在中途向對方呈現。然而，這不該被視為「緊急且重要的」任務，也不會被認為是早上的首要任務。

說到底，收件人對於收到未完成的資料會感到迷惑，不知道該如何處理。為了改變這種沒有思考便開始處理工作的方式，進行任務分配是非常有效的。

電子郵件中的「副本」功能也常常體現出「以防萬一」的心態。常常會有人想「為了以防萬一，把這個人也包含在內」，結果副本的收件人數量變得非常龐大。

如果對方沒看副本郵件，也不能責怪他們。如果真的想抗議「我已經副本給你了」，那麼不如直接發郵件給對方就好了（有聽過某些企業高層說，他們決定不看副本郵件，這樣的做法在忙碌的人身上特別常見）。

透過質疑「以防萬一」這種心態，我們可以避免浪費自己和對方的時間。經過懷疑之後，若仍覺得這封郵件必須發送，麼它應該被納入「早晨1小時」的任務中。

3. 能夠更準確地估算自己的工作量

關於減少加班時間、提升生產力、推動遠端工作等「工作方式改革」已成為現今的新聞話題。如何提升生產力以及減少加班成為了討論的焦點，但我認為提升生產力的關鍵在於「將各項工作中『被認為理所當然的事項』可視化並共享」。

加班問題往往被歸咎於個人性格，例如一個人獨自承擔所有工作、評估過於樂觀，或者做事非得一項項仔細完成才安心等。然而，像是「評估的哪個部分過於樂觀」、「如何拿捏過於仔細與恰到好處的平衡點」等具體問題，如果不與他人比較便容易變得模糊不清。

即使同樣是「撰寫郵件」或「準備資料」，不同的人處理的方式也各不相同。如果能將工作快速且準確完成的人的行動——也就是「理所當然」的標準，進行共享，並建立一個可相互學習的環境，生產力將會大幅提升。

對於因在工作上容易粗心大意而煩惱的人來說，如果能將自己無意識間完成的工作「可視化」，就能與能力優秀的人進行比較。透過比較，也能理解哪些環節若缺失，會導致工作出現問題。此外，若能向前輩或擅長工作的人具體請教，例如：「我是這樣處理這項工作的，請問前輩是如何進行的呢？」就能獲得更精準的建議。最終，自己也能夠更準確地評估和規劃工作。

4. 不再過度承擔工作

在針對管理職位候選人的講演中，有一位參加者分享了他的煩惱。

「我們的上司在聽到新點子時，總是很快地說『很好啊！那就交給你來做吧！』。雖然這種信任讓人感激，但我現在的工作已經排得滿滿的，這種狀況下再啟動一個新專案，根本是不可能的……」

值得一提的是，這位提出困擾的參加者，是一位經驗豐富、工作效率高、富有責任感且極具同理心的人，在職場上也深受同事信賴。常聽人說「有事就交給忙碌的人來做」，因為越是優秀的人，越容易被委以重任，而他們也總能妥善處理，於是又被交付更多的工作。雖然這帶來了成就感，但心理壓力也隨之增加。

然而，這裡有一個容易被忽視的盲點，**越是能幹的人，往往越不清楚自己的作業流程**。

因為能夠自然而然地完成，所以會覺得特意計算步驟或寫下流程太過繁瑣，甚至認為「與其花時間解釋，不如自己做還比較快」，結果往往變成習慣性地一手包辦所有工作。

最終，工作量就像滾雪球一樣越來越多，導致自己一直處於超負荷的狀態。

為了避免因為能幹而接下超出負荷的工作，最終變成「一人黑心企業」，將工作進行任務化是非常重要的。將該做的事情進行拆解，並理性地判斷「這部分我能處理，但其他部分需要幫助」，會發現，其實很多工作「並沒有想像中那麼困難」。

5. 逐步累積自己的工作FAQ問答集（常見問題集）

你是否曾經遇過這樣的情況？明明周圍還有其他人，卻總是你被問最多問題？

當你忙碌地度過每一天時，可能會有「為什麼只有我？」、「自己上網查吧」之類的想法，但如果反覆被問到某些問題，可能是因為「大家都想知道，但總是無法找到答案，所以才會向知道答案的你請教」。

換句話說，這類問題中往往隱藏著只有你才能提供的價值。透過任務化來明確自己在做什麼，就像是為自己的工作整理一個「ＦＡＱ（常見問題集）」一樣。如果你能從「總是被問到相同問題」這些讓人厭煩的工作中，看到自己「獨特的」問題解決「寶藏」，這樣一來，工作是不是會變得稍微有趣呢？

利用「早晨1小時」製作任務清單，實際上就是將你無意識中正在做的事情語言化的過程。如果能夠語言化，你就能：

1. 盤點自己是如何掌握技能的。

2. 用語言表達出來，讓對方能清楚理解。

3. 以任何人都能使用的方式將其標準化與系統化。

一旦能夠系統化，就能把工作委託給他人，這樣不僅能讓對方感到高興，自己也能輕鬆一些。而且，從「教導他人」的角度來看事情，不僅與人的溝通方式會發生改變，也能在每天的工作中找到樂趣。

6. 能夠分辨必要的加班與應該避免的加班

如果事先進行任務分配，完成與未完成的情況會變得更加明確，這樣也能揭示出估算上的不足。例如，即使說「加班」，其實也有「不得已的加班」與「應該想辦法避免的加班」這兩種情況。透過任務化來回顧工作，便能清楚看出「哪些加班是可以自己想辦法避免的」，從而制定能夠減少加班的對策。

你曾經有過這樣的經驗嗎？當你收到客戶或上司要求製作企劃書的指示時，因沒有完全掌握內容就承包下來，導致未能提出問題。結果，在執行過程中出現了必須要確認的事項。可是，你想要確認的對象正在開會或外出，根本無法及時回來，最終等了三個小時才得到確認……

這本來是可以在接到指示時就確認不明之處，從而避免的加班。如果能事先做好任務分配，你就能預先知道製作企劃書這個任務中包括了確認指示內容、製作過程與成果物的檢查等，這樣就能夠著手改善不必要的加班。

不僅是觀察自己的加班，還要觀察上司的加班理由，並思考「如果是我會怎麼改善」，這樣就不會再對「不得已的加班」感到不滿了。

7. 提高白天的專注力

習慣了「早晨1小時」的任務管理後，早上將成為你**「高峰管理」**的時間。「高峰管理」指的是運動員在比賽中為了將自己帶到最佳狀態，會將平時的「勝利模式」作為儀式來執行。二〇一五年橄欖球選手五郎丸步在踢球前的「那個姿勢」成為話題。前大聯盟選手松井秀喜在現役時期，當聽到自己的名字被叫到，走向打擊區之前，也會進行以下動作來集中精神。

- 用雙手握住球棒的末端。
- 將身體向前傾斜。
- 透過旋轉身體的伸展運動來放鬆身體。
- 左右揮棒後，根據投手的投球動作進行揮棒練習。

・進入打擊區時，用腳在土壤上踏實。
・進入準備姿勢時，短暫地凝視球棒的前端。（來源：《壁を打ち破る100%思考法》PHP文庫）

像這樣，將早晨1小時的時間專門用於任務管理，並有意識地創造出讓自己「進入狀況」的儀式。

透過不斷重複「這個行為讓我成功了」的模式，並將其形成「早晨習慣」，你可以對自己進行積極的暗示。如果這變成了一種自然而然的習慣，身體會自動運作，行動的範圍也會擴大。

心理學家米哈里・契克森米哈伊（Mihaly Csikszentmihalyi）將不再被周圍嘈雜聲影響，能全心投入一件事的狀態命名為「心流狀態」。如果你能在早上的1小時內，讓安排任務這個行為進入「心流狀態」，那麼從一早開始，你就會有一種「今天一定要完成這項任務！」的強烈心情。

此外，如果在「早晨1小時」內建立好了清單，該做的事情將會自動決定，因此即使因為突然的詢問或突發的問題使工作中斷，也能迅速回到「該做的事情」上。

不習慣的時候先遠離網路

在如今這個隨時都能上網的時代，有許多可以快速建立任務清單的手機應用程式。然而，**在進行「早晨1小時」的任務管理時，建議在習慣之前，即使有點麻煩，也應該使用紙本的手帳或筆記本，採用非電子化的方式來進行**。如果不得已只能在通勤電車等地方進行「早晨1小時」的任務管理，也要注意不要浪費時間在瀏覽網頁或檢查電子郵件上。

這樣做的理由有兩個。

1. **為了保持專注力和判斷力。**
2. **為了避免因惰性而拖延任務。**

「豐富的資訊帶來注意力的貧困」，這是獲得諾貝爾經濟學獎的赫伯特・西蒙

（Herbert A. Simon）所說的。如果資訊量過多，會因為選擇疲勞而停止思考，導致自己的判斷變得遲鈍，優先順序的設定也會受到影響。現在，每次接觸到手機或開啟電腦，即使不想看到，資訊也會自然而然地出現在眼前。如果每天都在接觸這些資訊，會難以分辨這是自己真正思考出來的意見，還是來自網路上的評論者所說的意見，判斷標準也會變得模糊。不加思索地接受氾濫的資訊，並誤以為獲得這些資訊就代表「自己有在認真思考」，這樣的危險性是存在的。

即使只有「早晨1小時」，也要停止資訊的輸入，並養成輸出自己內心想法的習慣。雖然可以使用手機進行輸出，但一旦拿起手機，往往會順便做些除了記錄之外的事情。為了能夠專心製作任務清單，建議你有意識地創造一段遠離網路的時間。

此外，使用數位工具製作任務清單時，可以輕鬆地進行複製與貼上。雖然這是一個方便的功能，但會讓我們忽略了重新檢視「這個任務真的有必要嗎？」的重要時間。同時也會減輕前一天未能完成同樣任務的罪惡感，從而降低完成該任務的決心。

另外，也有人會在便條紙上寫下一個個任務，將其貼在顯眼的地方，並在完成後丟掉。但我不推薦這樣做，因為把完成的任務撕下來丟掉，等於是丟掉了你挑戰的過程。你所完成的，或是你做出判斷後進行顏色標記的過程，應該保留在筆記本或手帳中，並且用來回顧。可以用紅筆劃上一條線來作為結束的記號，這樣也能體驗完成的成就感。

適合移動中進行任務分配的備忘錄應用程式「Captio」

基本上，「早晨1小時」建議避免使用網路，但也有很多人只能在電車移動中，尤其是在擁擠的電車或通勤的車內，才能思考任務。在這種情況下，推薦使用的應用程式是「Captio」（付費）。這是一款簡單的應用程式，只需將備忘錄發送到自己的電子信箱即可。開啟應用程式↓寫備忘錄↓發送，這樣的操作過程簡單又快速，且十分便利。

它還可以與語音輸入結合使用。發送的電子郵件會以事先預設好的標題傳送到郵箱中，因此當你抵達工作場所或附近的咖啡廳並且冷靜下來時，只需查看它，便能產生任務清單。我自己在移動中想到的備忘事項，也都會透過Captio發送給自己。

準備專用筆記本與筆

開始「早晨1小時」生活時，我推薦「從形式入手」。

雖然「早晨1小時」的任務分配只需要紙和筆即可，但如果能選擇在觸感、書寫流暢度、攜帶便利性等各方面都讓自己滿意的工具，動力也會隨之提升。不一定要使用高級的品牌筆記本（當然，如果高級的品牌筆記本能讓你更有幹勁，那也完全沒問題）。請選擇每天早上一拿起來最適合的筆記本。

順帶一提，我自己習慣使用以下這三本筆記本。

- 已連續10年監製的《朝活手帳》：用於每日、每週、每月的任務管理。
- LIFE NOBLE NOTE PLAIN B6 空白：用於規劃3～6個月的願景。（稍後會詳細介紹）
- Midori MD Notebook 文庫本 空白：用於書寫晨間日記。（稍後會詳細介紹）

LAMY 4色原子筆 油性 2000 L401是我愛用的四色原子筆，用來為任務進行色彩分類。市面上的四色原子筆設計往往很普通，而這款筆造型時尚，光是持有就讓人心情愉悅。不過，LAMY的原子筆墨水黏度較高，需要施加較大壓力才能順暢書寫。因此，我會將筆芯換成Jetstream的替芯。

我使用Tombow水性簽字筆Play Color K 12色組，來描繪3～6個月的願景。

※Jetstream替芯型號繁多，請特別留意。適用於LAMY的是「SXR20005」。
※另外，Jetstream替芯的缺點是沒有綠色。因此，我改用「Zebra油性原子筆替芯Sharbo 4C-0.7 B-BR-8A-4C-G」作為綠色墨水的替代品。

最大化「前30分鐘」的分類3步驟

接下來，具體說明該如何進行分類。

「早晨1小時」的任務管理分為每日習慣、每週習慣、每月習慣，以及3個月至半年的習慣。基本操作方式相同，因此先從「每日習慣」開始說明。

1. **將今天浮現在腦中的任務，毫無保留地全部寫出來。**
2. **用四種顏色進行分類，確定**

Step3
將「播種」的步驟細分，並確保其處於可以立即執行的狀態。

針對新客戶的企劃書製作

- □ 調查客戶的煩惱
- □ 研究客戶的目標客群
- □ 思考目標方向
- □ 製作企劃草案
- □ 列出可能的反對意見與問題
- □ 準備應對回答
- □ 確認舉辦時間表
- □ 確認必要的工作人員
- □ 與上司反覆推敲企劃草案
- □ 開始製作簡報資料
- □ 進行最終資料檢查→修正
- □ 進行簡報彩排
- □ 彩色列印3份資料

3. 「播種」的內容。

將「播種」的步驟細分，並確保其處於可以立即執行的狀態。

接下來我將一一說明。

實際上
・畫下底線
・在前面標上顏色標記的圓圈
・用有顏色的筆框起來
諸如此類，自己能看懂，並
用四種顏色做標記就OK了！

Step1
將今天浮現在腦中的任務，毫無保留地全部寫出來。

4月8日　今天的任務
- □ 早上的郵件檢查
- □ 回應B公司的詢問
- □ 重新評估定期會議的議題
- □ 參加定期會議
- □ 撰寫定期會議的會議紀錄
- □ 製作報價單
- □ 與A共進午餐
- □ 中午的郵件檢查
- □ 為新客戶準備企劃書
- □ 寫閱讀興趣的部落格
- □ 做腹肌肌肉訓練100下
- □ 匯款支付研討會費用

Step2
用四種顏色進行分類，確定「播種」的內容。

4月8日　今天的任務
- □ 早上的郵件檢查
- □ 回應B公司的詢問
- □ 重新評估定期會議的議題
- □ 參加定期會議
- □ 撰寫定期會議的會議紀錄
- □ 製作報價單
- □ 與A共進午餐
- □ 中午的郵件檢查
- □ 為新客戶準備企劃書
- □ 寫閱讀興趣的部落格
- □ 做腹肌肌肉訓練100下
- □ 匯款支付研討會費用

1. 將今天的任務毫無保留地全部寫出來

首先，請將**今天想要推進的任務全部寫下來，而不去評斷它是「想做的事」還是「必須做的事」**。目的是為了「不要忘記」，並且避免浪費寶貴的大腦資源來記住這些事情。可以把紙張或筆記本當作大腦的外部記憶體來使用。在這個過程中，可能會想起「雖然現在想到了，但這件事其實明天做也沒關係」或是「下週有件事讓我有點在意」等不只限於今天的任務。但請不要讓這些想法打斷你的思考流程，而是先全部寫下來。（關於如何管理明天以後的任務，會在每週、每月、3個月～半年的習慣章節中詳細解釋。）

「不能忘記」、「一定要做」這種模糊的壓力，往往會成為心理負擔，導致該做的事情一再被拖延。所以請試著將腦海中模糊不清的煩悶全部寫下來吧。

在這個階段，如果太在意顏色分類，可能會打亂記錄的節奏，因此不進行顏色分類也沒關係。（習慣之後，這個階段自然就能判斷如何分類）。請試著用黑色原子筆或鉛筆專心地列出清單。

如果只有移動中能空出時間，建議活用剛剛介紹的Captio等應用程式，將筆記用電子郵件寄給自己。如果過於講究清單的整齊度，反而容易卡住，因此無論任務大小，最重要的是「毫無保留寫出來」。

4月8日　今天的任務

- □早上的郵件檢查
- □回應B公司的詢問
- □重新評估定期會議的議題
- □參加定期會議
- □撰寫定期會議的會議紀錄
- □製作報價單
- □與A共進午餐
- □中午的郵件檢查
- □為新客戶準備企劃書
- □寫閱讀興趣的部落格
- □做腹肌肌肉訓練100下
- □匯款支付研討會費用

一天的任務大致可以分為以下五類。如果被要求「隨便寫下腦中的想法」，卻一時想不出來的話，可以先試著從以下項目開始列出清單。

・想聯絡的人
・之後想推進的專案
・將來想做的事
・需要提交的課題
・想讀的書籍或資料

就我個人而言，我會活用自己設計的《朝活手帳》內容中的垂直時間規劃部分，無視時間軸，作為一天的任務清單。

《朝活手帳》原本是一款以「早上4點到9點」為時間軸的手帳，但只要實踐

書末的額外內容中介紹的早起技巧，自然養成早起習慣後，早上「任務化」之外的事情（例如幾點起床、幾點吃早餐等）就不需要再逐一記錄。不僅限於《朝活手帳》，只要是垂直時間規劃類型的手帳（展開一頁即可看到一整週，每30分鐘至1小時有縱向時間刻度的類型），都可以用同樣的方式活用，請務必試試看。

如果什麼都想不出來，可以使用「晨間隨筆」作為準備運動

如果一大早就要開始劃分任務讓你提不起勁，不妨先試著把**「晨間隨筆」**作為準備運動。「晨間隨筆」這個方法來自茱莉亞・卡麥隆（Julia Cameron）所著的《新版ずっとやりたかったことを、やりなさい。》（サンマーク出版），其核心概念是**「每天早上，花時間寫滿三頁筆記，將腦海中浮現的任何想法直接寫在筆記本上」**。

寫的內容完全沒有限制，重點是把所有的思緒毫無保留地傾瀉而出。

也不需要正式或有條理，即使是「今天根本沒什麼好寫的，怎麼辦？要寫滿三頁好難啊」這樣的想法也可以誠實地記錄下來。只要順著自己的節奏，讓筆隨著思緒自由流動即可。

在記錄晨間隨筆時，不用刻意去尋找答案，而是直接將自己的想法毫無保留地傾瀉在紙上，可以讓思緒發散，並且自然地在頁面中寫下「今天想做的事」或「應該做的事」。

從這些內容中，便能夠逐漸整理出「今天要做什麼」、「本週要做什麼」、「將來要做什麼」等明確的任務，使思緒得以收斂。

也就是說，在晨間隨筆時，透過開放式問題讓自己的思緒「自由流動」，隨後進行任務分配，就能整理出「我想做什麼」、「本週要完成什麼」這類封閉式問題。當你感到思緒混亂且難以著手進行任務分配時，非常推薦使用此方法。

2. 用四種顏色分類，辨別「播種」階段

接下來，將每個項目無一例外地分類為以下四種顏色。

不緊急X重要：1播種的紅色

緊急X重要：2收割的綠色

緊急X不重要：3疏苗的藍色

不緊急X不重要：4鹽漬的黑色

這樣一來，可以在視覺上更清楚地分辨優先順序。在尚未習慣顏色分類的時候，可以先用黑色原子筆快速寫下當天的任務，再加上用不同顏色標註的底線，或者加上帶有顏色的圓圈，另外也可以使用螢光筆標註。

	緊急	不緊急
重要	收割 綠色 2	播種 紅色 1
不重要	疏苗 藍色 3	醃漬 黑色 4

重點是，即使猶豫不決，也要在寫的階段果斷地決定優先順序。

當然，有時也會感到猶豫或做出錯誤的判斷。但即使如此，透過顏色仍然能輕易掌握反省點，這樣比只用黑色原子筆書寫，更容易回顧。當你習慣了顏色分類後，連電子郵件也能透過顏色來判斷哪些是應該立即回覆的，哪些可以稍微花些時間處理的。這樣一來，做事的判斷速度會變得更快，最終你能擁有更多自由支配的時間。

具體例子如下。

全志向共同的「播種」（紅色）

為了維持自己身心健康的投資、健康管理、運動、家人、戀人、親友、導師等，與身邊重要的事物或人有關的事情。

工作&工作志向的「播種」（紅色）

對自己將來有幫助的措施、提升公司價值的措施，例如新產品開發、其他公司動向調查等，與調查、計劃、學習有關的事務，為了提高評價的自我投資，雖然不擅長但對成長必要的技能學習。

4月8日 今天的任務

- □ 早上的郵件檢查
- □ 回應B公司的詢問
- □ 重新評估定期會議的議題
- □ 參加定期會議
- □ 撰寫定期會議的會議紀錄
- □ 製作報價單
- □ 與A共進午餐
- □ 中午的郵件檢查
- □ 為新客戶準備企劃書
- □ 寫閱讀興趣的部落格
- □ 做腹肌肌肉訓練100下
- □ 匯款支付研討會費用

工作&私人生活志向的「播種」（紅色）

提升興趣愛好的技能、為了高效完成公司的工作，並集中於興趣或想做的事，學習相關技能。

工作&副業志向的「播種」（紅色）

回顧自己過去的經歷、重新設計未來的職業規劃、研究如何透過提高工作生產力來創造副業時間、與本業的公司進行事先溝通、尋找能夠發揮現有技能的工作、研究學習榜樣。

工作&投資志向的「播種」（紅色）

為了賺取金錢所做的準備。學習股票或房地產、研究具有市場價值的事物、向成功人士學習。

收割、疏苗、鹽漬在所有志向上都是共通的。以下是一些例子。

寝る前 To Do
起床時間
睡眠時間
体 調
本日のカウント欄
今後進めたいプロジェクト
将来やりたいこと
提出する課題
読みたい本／資料
終業デッドライン
就寝目標
朝の３行日記
本日の獲得ポイント

收割（綠色）

直接與當前的生活或工作相關的事項。例如，來自重要客戶的聯絡、已確定時間的簡報、重要會議的資料。

疏苗（藍色）

即使不做也不會對大局產生重大影響，但由於眼前的情況，使得必須立即著手處理的事情。例如，不急的電話或郵件等，可以在空閒時間一起處理的事情。

鹽漬（黑色）

本來就沒有意義，卻在停止思考的情況下繼續做的事情。例如，瑣事、打發時間的事情。

優先順序的排序並非失禮或麻煩

當我分享這個優先順序的排序方法時，會有人覺得「我不能對別人的約定做出高低之分，也不想做這種判斷。」但是，假裝成好人，並在心中積壓壓力，與對方相處時心中充滿迷茫，這樣其實才是對對方最失禮的做法吧？如果能夠透過顏色分類來明確自己為何犧牲自己的時間去為對方付出，並且釐清自己是基於什麼樣的標準來做出這樣的判斷，那麼你就能每天做出讓自己滿意的選擇，並且感到輕鬆。

我認為，決定優先順序並付諸行動並不是讓人感到束縛，反而是帶來自由。遵循規則，毫不猶豫地依照節奏做出決定，最終會創造出能自由設計事物的空間。一旦你掌握了有意識的任務，你將能夠無意識地完成工作。首先，讓我們有意識地先按照規則放進去看看吧。

由於我的職業性質，我經常接受「請展示您的手帳」的採訪，雖然大家會說「太厲害了！」，但我有時會感覺到他們的語氣中暗示著「我做不到這麼詳細⋯⋯」的感覺。然而，雖然看似很詳細，但其實我做的事情只是（寫下來↓顏色分類↓分解播種（紅色））這三個步驟而已，非常簡單。

3. 對「播種」進行分類，並使其處於可執行狀態

完成顏色分類後，將「播種」中的紅色部分進行細分，並使其進入可執行的狀態。如果在一天的任務中都找不到「播種」，也可以檢查接下來一週的計劃，並挑選出需要處理的「播種」事項。

例如，如果一位公關公司的員工想要向潛在的新客戶提議一

針對新客戶的企劃書製作

- □ 調查客戶的煩惱
- □ 研究客戶的目標客群
- □ 思考目標方向
- □ 製作企劃草案
- □ 列出可能的反對意見與問題
- □ 準備應對回答
- □ 確認舉辦時間表
- □ 確認必要的工作人員
- □ 與上司反覆推敲企劃草案
- □ 開始製作簡報資料
- □ 進行最終資料檢查→修正
- □ 進行簡報彩排
- □彩色列印3份資料

個新活動，雖然這個任務不是很急迫，但這就是為了提升公司業績和擴大客戶群的「播種」（紅色）。此時可以將「針對新客戶的企劃書製作」進行細分。

□調查潛在新客戶的煩惱

□了解潛在新客戶希望吸引哪些類型的客戶，以及他們希望解決什麼問題

□思考潛在新客戶想達成的目標是什麼

□考慮出一個包含5W2H的計劃書：When（何時）、Where（在哪裡）、Who（由誰）、Why（為什麼）、What（做什麼）、How（怎麼做）、How much（多少錢）

□列出可能會從潛在新客戶那裡出現的反駁或問題

4月8日 今天的任務

□ 早上的郵件檢查
□ 回應B公司的詢問
□ 重新評估定期會議的議題
□ 參加定期會議
□ 撰寫定期會議的會議紀錄
□ 製作報價單
□ 與A共進午餐
□ 中午的郵件檢查
□ 為新客戶準備企劃書
□ 寫閱讀興趣的部落格
□ 做腹肌肌肉訓練100下
□ 匯款支付研討會費用

□準備針對潛在新客戶可能提出的反駁或問題的回答
□確認舉辦時間表
□確認舉辦所需的工作人員數量
□在筆記本中寫下企劃草案，並先展示給上司，協調方向
□讓上司檢查一次
□開始製作資料
□讓上司對資料進行最終檢查，並在需要時進行修正
□進行簡報彩排
□為明天的會議，準備並印刷3份彩色資料

將這些工作分解並準備好後，當進行的時機（收割）來臨時，你只需按照計劃進行，這樣不僅能讓你感到輕鬆，還能幫助你確定哪些工作是自己能做的，哪些是自己無法完成的，這樣也能更容易將工作委派給他人。

如果是「調查潛在新客戶的煩惱」、「確認舉辦所需的工作人員數量」、「調查希望

前來的目標客戶之需求」、「印刷3份彩色資料」等工作，你應該會意識到這些工作其實也可以交給其他人做。即使這些工作最終由你一個人完成，只要意識到「現在自己正在做可以委派給他人的工作」或「這是只有自己能做的工作」，也能改變你未來的工作方式。

此外，透過詳細記錄工作步驟，回顧時可以辨別哪些準備是關鍵，哪些則沒那麼重要，這樣下次向新客戶提案時，就能減少花費的時間，更高效地推進工作。

順帶一提，若能提升這種分解技能，你也能擺脫「感覺自己忙得不可開交，但回頭一看卻發現什麼都沒真正完成」的徒勞感。這是因為當工作被拆解得足夠細小時，一整天下來不可能連一個小項目都沒完成。

此外，這個方法不僅適用於「播種」，當「收割」項目過多、不知該如何下手時，也同樣有幫助。

每個人都有這樣的經驗，當截止日期迫在眉睫，卻遲遲無法動手，反而開始做平時不會特地去做的「打掃」或「整理郵件」來逃避現實。

會選擇逃避現實，往往是因為「該做什麼、從哪裡開始、該如何進行」這些事情

都還不明確。將「收割」階段的工作細分，讓其處於可以立即著手的狀態，這個過程本身也是一種重要的「播種」作業，能幫助未來的工作更加順利。因此，建議每天花「早晨1小時」來執行這個步驟。

無論是工作還是私人生活，只要能夠將「播種」階段的任務細分為更小的單元，就能更客觀地衡量進度。即使某項工作無法在一天內完成，也能清楚地看到「已經推進了70%」，從而減少因「今天沒做完」而感到沮喪的情緒，提升自我肯定感。

此外，即使無法在一天內完成所有任務，只要將早晨的時間投入到「播種」作業中，仍然能夠獲得「今天有專注於對自己重要的事情」的滿足感，讓內心更加踏實。

為每個「播種」準備一張紙

在細分「播種」階段的任務時，建議採用「一個播種項目，一張紙」（如果使用專用筆記本，則是「一個播種項目，一頁」）的方式。若在同一頁面寫入多個「播種」項目，會讓執行進度變得難以掌握，且若將內容擠得太滿，可能會產生「竟然有這麼多事情要做……」的心理壓迫感，導致動力下降。相反，若堅持「一個播種項目，一張紙」的原則，只需數一數紙張的數量，就能輕鬆掌握「播種」任務的總數。

將「播種」細分並記錄在紙張上的過程，剛開始時可能會較費時，若無法在「早晨1小時」內完成，也可以分幾天進行。此外，許多「播種」任務本身就是無法在一天內全部完成的，因此，即使一天結束時未能完全清空所有任務，也無需太過在意。

將「早晨1小時」用來制定任務，並讓其處於隨時可以執行的狀態，本身就是一

工作內容	應完成的任務	（如果有餘力）預估所需時間
整理企劃	~~□擬定企劃~~	30分鐘
	~~□閱讀所有與假設相關的資料~~	2小時
	~~□將相關關鍵字註冊到 Google Alerts~~	5分鐘
	~~□讓點子醞釀成熟~~	3小時
	~~□在筆記本上簡單勾勒企劃內容~~	1小時
	□思考該企劃的優勢	20分鐘
	□思考企劃提案可能遭遇的反駁	20分鐘
	□收集能夠駁倒反駁的數據	1小時
	□計算是否能在預算內完成	30分鐘
	□制定執行時間表	30分鐘
	□製作分工表，確認誰負責哪些事項	30分鐘

1個播種，1張紙。用紅線劃掉已完成的任務，讓成就感「可視化」。

朝活活動 開場前任務（～9:00）

任務	具體事項	負責人
準備星巴克咖啡	前往星巴克取餐並擺放飲品	
場地設置	拍照記錄現場擺設，以便活動結束後恢復原狀 在前方擺放3張椅子 將時間表放在每張椅子上 將會議室作為行李存放區兼哺乳室（放置1張椅子）	
餐飲接待	8:30準備好款項支付快遞，並放在接待處	
書籍陳列	將書籍擺放在顯眼的位置	
3F電梯前指引	當電梯門開啟時引導參加者 同時告知洗手間位置	
接待報到	在接待後發放飯糰如有需要發票者， 提供相應說明（因部分人需要個別處理，所以會另外說明）	
咖啡&座位引導	接待完成後，引導參加者領取咖啡，並依序從前方入座	
緊急聯絡電話處理	處理來電	

項重要的「播種」工作。

當你習慣於拆解「播種」任務後，建議同時記錄預計所需時間，這樣可以幫助你掌握自己的作業估算，並進一步制定應對策略（但如果這對你造成心理負擔，也不必勉強）。

例如，若團隊定期舉辦活動，並希望每次都能讓不同成員順利執行相同的流程，那麼將這些步驟具體化並製作成標準作業手冊的過程，也屬於「播種」。在這種情況下，可以將「所需時間」欄位替換為「負責人」，請靈活應用這種方法。

如何判斷哪些細節需要拆解

如果將一天中所有的任務都細分到極致，可能光是這項作業就會耗費一整天，根本無法在1小時內完成！但其實不需要擔心，因為細分任務的目的，是為了讓行動更加具體且可執行。因此，對於已經熟練到如呼吸般自然的工作，就沒有必要再進行細分了。

真正需要拆解細節的，是「播種」任務中符合以下條件的事項：

- 對於某項工作，心裡總是想著「是否有更好的方法？」、「這樣做真的對嗎？」但卻一直沒有具體改進的事項。
- 想要融入日常生活的事情。
- 想嘗試新的挑戰，但還沒有開始行動的事物。
- 步驟尚未確定，總覺得有點混亂、不知道如何著手的事情。

總是花費比預期更多時間的事情。

換句話說，**只需要拆解那些「明知道重要，卻遲遲沒有開始著手」或「一直放在心上，卻無法順利推進」的播種任務即可。**

如果對「顏色分類」或「細分程度」感到困惑

「顏色分類」與「細分程度的判斷」是許多人容易感到迷惘的部分，因此，這裡整理了一些常見的問題。

有關顏色分類的Q1

找不到屬於「播種（紅色）」的任務！

Q 我嘗試將一天的任務進行顏色分類，結果發現幾乎全部都是「收割（綠色）」、「疏苗（藍色）」、「鹽漬（黑色）」，卻完全沒有「播種（紅色）」。這讓我不禁疑惑，自己的一天到底都在做什麼？如果找不到播種的任務該怎麼辦？

A 基本上，「播種（紅色）」的任務比其他顏色少是很正常的，沒必要過度在意。

通常來說，「收割（綠色）」的任務約占70％，其餘顏色各占10％左右。因此，有些日子可能看起來完全沒有「播種（紅色）」的任務。但也有可能是因為你習慣性忽略了這類任務，認為它們「沒什麼大不了的」。所以，哪怕只是很小的事情，也試著在早晨的時間裡找到一個「播種（紅色）」的任務來執行看看。

此外，若是只限定於「今天一天內的播種」，可能會覺得沒什麼可寫的。不妨將視野放寬，從下週、下個月、明年的角度來思考「如果這樣就好了呢？」，當你開始這樣思考時，「播種（紅色）」的任務自然會慢慢增加。另外，為了讓「收割（綠色）」的任務能更順利完成，將流程整理清楚的動作也屬於「播種（紅色）」。如果真的找不到「播種（紅色）」的任務，不妨先從這裡開始吧！

有關顏色分類的Q2

檢查電子郵件屬於哪種顏色？

Q 由於我的工作涉及海外業務，時差的關係，如果不在早上檢查來自海外的新郵件，就無法對當天的工作進行分類。因此，電子郵件檢查應該歸類為「收割（綠色）」還是「播種（紅色）」呢？

A 在早上透過電子郵件獲取資訊，對於規劃當天工作策略非常重要，因此可視為「播種（紅色）」。

不過，郵件內容可能緊急也可能不急，習慣流程後可依內容分類顏色。雖然處理時間因情況而異，但建立規則並在時限內完成，有助於流程順暢。因此，建議在不受干擾的「早晨1小時」內優先處理「播種（紅色）」的任務。

例如：

- 快速瀏覽郵件內容，判斷緊急度與重要性→「播種（紅色）」。（15分鐘）
- 分類郵件處理方式→「播種（紅色）」。（20分鐘）
- 進行個別回覆與處理→「收割（綠色）」。（20分鐘）

有關顏色分類的Q3

總是被「收割（綠色）」業務追著跑

Q 在日常工作中，我總是被「收割（綠色）」業務追趕，想要儘快處理完這些工作，好轉向「播種（紅色）」的任務，但「收割（綠色）」的工作卻不斷累積，導致無法投入真正重要的事情。該怎麼辦？

A 「收割（綠色）」業務的積累是許多人都會遇到的問題。因此，建議定期檢視整體的「收割（綠色）」工作，重新分類並篩選，並將這個「重新分類的過程」納入你的行程規劃中（值得一提的是，「重新分類」本就屬於「播種（紅色）」的任務）。

我個人的做法是利用《朝活手帳》中的「本月回顧表」來整理。

- 想聯絡的人
- 之後想推進的專案
- 將來想做的事

・需要提交的課題
・想讀的書籍或資料
・其他在意的事項

我會在月底回顧手帳並整理這些事項，對於那些即使一個月沒處理也不會造成影響的內容，果斷地選擇放棄。如果放棄後發現有影響，再恢復即可，但通常會發現其實並不會造成什麼問題。

就像整理衣櫃時，如果將兩個季節都沒穿的衣服丟掉，最後會發現根本不影響生活一樣。

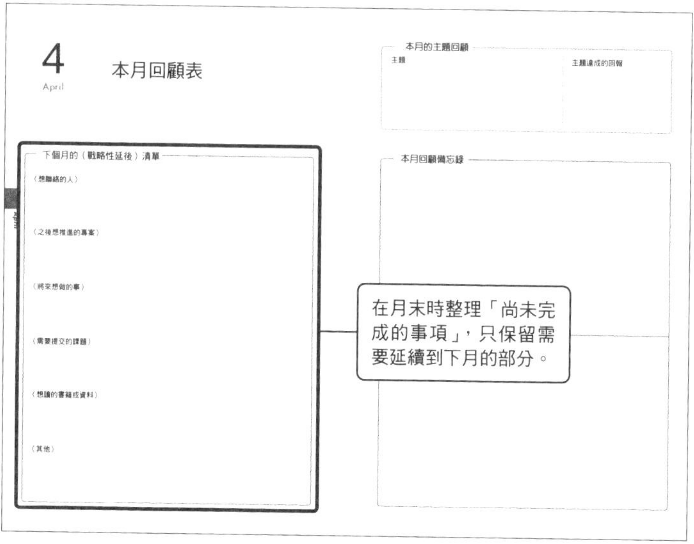

同樣地，累積的「收割（綠色）」工作並不是所有都必須處理完。有些事情隨著時間過去，會自然從「收割（綠色）」降級為「鹽漬（黑色）」，因此每個月定期整理，能減輕心理負擔。

有關顏色分類的Q4

「收割（綠色）」與「播種（紅色）」的區別讓人困惑

Q 一般來說，「收割（綠色）」和「播種（紅色）」的區別讓人常常感到困惑。我認為這是因為「緊急性」的定義因人而異、情況不同而變得模糊。那麼，該如何避免這樣的困惑呢？

A 正如您所說，緊急性確實是根據每天的情況而變化的，而且它是主觀的，所以在「收割」與「播種」之間感到困惑是無可避免的。同一件工作，今天可能是「播種（紅色）」，但明天就可能變成「收割（綠色）」。「收割（綠色）」是「緊急×重要」的事情，所以有時會讓人感覺是被催促的，**但「收割（綠色）」並不意味著不好，因為播**

下的「種子」結出果實，進行收割是理想的情況。

在迷茫的時候，通常是因為自己的志向（工作&工作、工作&副業、工作&投資、工作&私人生活）尚未確定，因此可以先回顧自己的志向，幫助自己釐清方向。

實際上，在顏色分類中，重要的並不是分類是否正確，而是能夠立即決定某件事是「收割（綠色）」還是「播種（紅色）」。因此，可以根據當時的直覺來進行分類（只要進行了顏色分類，即使分類判斷錯誤，稍後回顧時也能透過顏色可視化自己的思考）。

不過，如果認為「緊急性的感覺不清楚會讓人不舒服」，可以根據自己的規則設置數字，如「3天內能完成的為收割（綠色）」、「超過3天的為播種（紅色）」等。

有關顏色分類的Q5

「播種（紅色）」中包含了其他顏色的情況

Q 「播種（紅色）」任務分解後，最先要處理的任務通常是緊急性較高的。在這種情況下，「播種（紅色）」中會混入其他顏色的任務，這樣可以嗎？

A 當你將「播種（紅色）」任務分解時，會發現其中混入「收割（綠色）」或「疏苗（藍色）」等任務。這樣會形成一個多種顏色混合的狀態（雖然最好能將任務進行顏色分類，但在尚未熟練之前，並不需要過於強調顏色分類）。因此，雖然「早晨1小時」的任務分類是廣義的「播種（紅色）」任務，但具體的任務也可以是「收割（綠色）」或「收割（綠色）」等任務。

有關顏色分類的Q6

研究競爭對手的顏色分類應該如何處理

Q 查看競爭對手的公司資訊，透過瀏覽他們的網站進行調查的工作屬於哪種顏色？

A 從大方向來說，這是為了新事業開發投資的「播種」，但若只是隨意地瀏覽網站，容易忽略重點而浪費時間，最終變成「鹽漬（黑色）」。因此，細分「播種（紅色）」步驟並具體化各項目非常重要。

例如，可以將工作細分如下。

- 決定好要尋找競爭對手的合作夥伴的那些資訊（播種的紅色）。
- 製作比較表（播種的紅色）。
- 透過特定關鍵字進行搜尋以獲得資訊（雖然是雜務，但如果不查找就無法開始，所以是疏苗的藍色）。
- 填寫比較表（只需要填寫的話，任何人都能做，所以是鹽漬的黑色）。

隨著熟練度的提高，這些層次化的任務也能自然地進行顏色分類，但在目前階段，這樣的調查工作就可以視為「播種」（如果有餘力的話，對應該執行的任務進行顏色分類，將步驟可視化會更加有助於釐清工作流程）。

有關顏色分類的Q7

Q 業務中的緊急諮詢該如何分類顏色？

在工作時有他人前來進行業務諮詢，因為緊急度高，是屬於「收割（綠色）」嗎？還是也有可能是「疏苗（藍色）」或「鹽漬（黑色）」的情況？

A 他人提出的業務諮詢，對於提出方來說是「收割（綠色）」，但對於你來說，根據感受的不同，也有可能是「疏苗（藍色）」或「鹽漬（黑色）」。在工作中，達成感和充實感是這次顏色分類的目標，因此可以根據「自己感覺如何」來進行顏色分類。

例如，因倉促處理投訴，而產生原本可以透過適當基礎工作避免的問題，這樣的情況可視為「疏苗（藍色）」，因為造成了不必要的重複工作。

如前所述，顏色分類的重要性不在於分類是否正確，而是在於能否瞬間做出決定。因此，請根據當時的感受進行分類判斷即可。

每週、每月的「任務盤點」以防止遺漏

在Q&A中也有提到，當我們被「收割（綠色）」的工作所追趕，想要轉向「播種（紅色）」時，總是會發現「收割（綠色）」積累起來，造成壓力，這樣的情況也是很常見的。因此，每週、每月，以及每三個月到半年一次的時機，進行自我任務的盤點是非常必要的。我們應該列出那些被拖延的任務、還沒開始做的事情，或者是想要穩定進行的工作。

具體來說，可以**每週一次，設立一個時間來重新檢視以下項目**，這些項目我在每天早上的任務清單中也會用到。以我的例子來說，我利用《朝活手帳》中的清單整理，在每週一的早晨1小時裡，把其中30分鐘用來做這項工作。

- 想聯絡的人
- 之後想推進的專案

・將來想做的事
・需要提交的課題
・想讀的書籍或資料

一週過後，我們會發現有些任務已經處理得差不多，而有些任務則完全沒有進展。

此時，可以判斷一下「是否需要將任務延遲到下週」。如果判斷某些任務延後並不會造成困擾，那麼就果斷地放棄這些任務。

如果決定將任務延後，那麼不要因為「做不完而沮

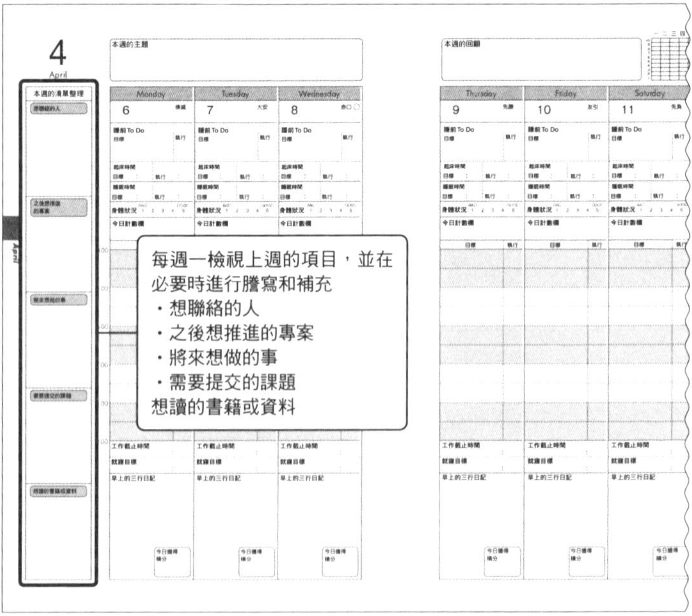

喪」，而是將它標註為「戰略性延後」，並將這些任務重新規劃進下週的工作中。同樣地，在一個月結束時，再次檢視所有的任務並進行「盤點」。

透過這個過程，我們可以不再責怪自己做不到，而是學會選擇自己應該做的事情，並決定將它帶到下個月繼續處理！這樣就能切換心態了。

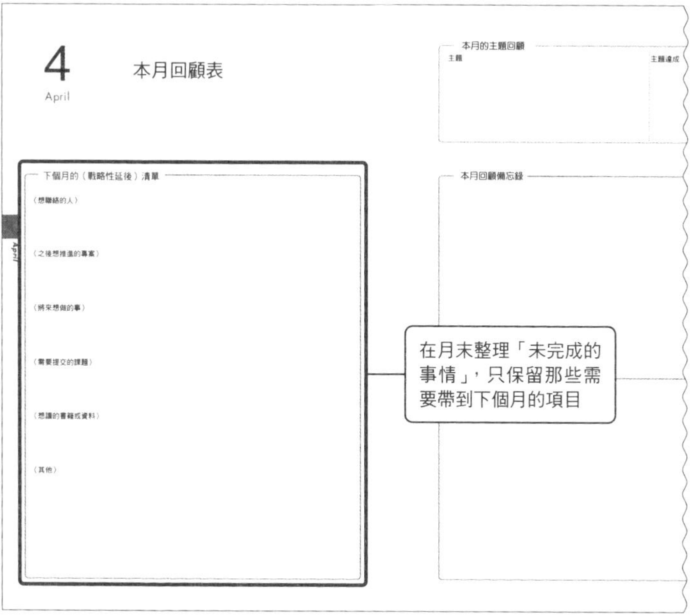

「未完成的事情」可以換成「戰略性延後」，並每週進行重置

越是認真的人，往往越難為工作「劃下句點」，結果就是加班到很晚，或是把行程排得滿滿的。許多人都有這樣的經驗，覺得「一天內一定要完成所有事情」，這種強迫性的觀念讓他們在疲憊的狀態下持續進行瑣碎的作業，結果因為計算錯誤等失誤，導致回家時間更晚。對於這種類型的人，我推薦前面提到的**「戰略性延後」**這個概念。

其實，任務分類的關鍵在於，不要把焦點放在「沒完成的部分」，也不要因此感到沮喪。

如果某個任務反覆出現在清單上，卻始終無法完成，那就表示一定有其他原因。或許你內心並沒有真正想做這件事，又或者，即使沒做這項任務，生活也能順利運行，那麼這項任務其實可能是「不必要的事項」（鹽漬的黑色）。與其一直陷入「沒完成」的自責，不如果斷放棄，承認這件事對自己來說並非必須。

無論如何都無法放棄、不想放棄，但又還沒完成的任務，就將其改名為**「戰略性延後」**，並重新挑戰。

如果只是單純地建立「未完成清單」，很容易把那些每個月都想做卻始終未完成的事情，甚至是實際上不做也無妨的事情，全部寫進去。但若改為「戰略性延後清單」，那些讓人糾結的任務反而可以果斷捨棄。透過這個過程，就能避免因為拖延而責備自己，轉而有意識地告訴自己「這是我主動選擇延後的事情，我決定將它留到下個月再做！」，如此一來便能夠更積極地重新調整計劃。其實，這種方法與「AI：Appreciative Inquiry（欣賞式探詢）」相同，這是一種在美國芝加哥大學研究的組織發展手法。朋友告訴我，已有研究結果顯示，透過改變行動本身的標籤，確實能讓行為朝更好的方向發展。

達成率有8成即可，放鬆心態面對

如果一開始就想要完美執行任務分類，一旦有一天沒能如願完成，就容易產生「算了吧」的放棄心態。因此，先從「達成8成就可以」這種輕鬆的標準開始吧。

- 設定的工作量應該控制在「努力一週，萬一沒完成，也能在週末追上的程度」
- 每週或每月檢視任務，根據需要進行「策略性延後」

這就是保持動力的關鍵。如此一來，即使平日忙不過來，也可以在週末補上；即使這週沒完成，也能在下週繼續努力，不會輕易喪失幹勁。試著先以一週為單位試試看吧！

每3至6個月
調整一次對夢想的解析度

每天進行的「早晨1小時」任務分配，是一種逐步累積的思考方式。然而，如果只專注於「累積」，很容易忽略整體全貌。例如，持之以恆地進行減重、語言學習、寫部落格、準備證照資格考試或參加研討會，這些習慣固然重要，但若過於執著於執行，可能會導致手段與目的混淆，甚至忘記自己為何而做、是為了誰而努力。

同樣地，若過於專注「早晨1小時」的任務分配，可能會讓人忽略環境變化，陷入「只顧著完成眼前的任務」的狀態，導致手段與目的顛倒。為了避免這種情況，建議每3至6個月活用**心智圖**與**甘特圖**，重新調整視角，找回「鳥瞰視角」，確保自己不會迷失在細節中，而能夠掌握整體方向。

心智圖（Mind Map）是由英國作家東尼・博贊（Tony Buzan）提出的整理思考方法，將關鍵字或圖像置於中央，然後從中央向四周放射出關鍵字或圖像並進行連結。詳細的操作方法建議閱讀《ザ・マインドマップ》（ダイヤモンド社出版）。以我個人的做法來說，我會將總體構想放在中心，然後將需要進行的事項放射狀地展開。

進行這個步驟後，會清楚地看到「誰做」、「做什麼」、「何時完成」、「怎麼做」，然後根據這些內容製作「甘特圖」。甘特圖是一種用於工程管理的表格，很多人在工作中可能會使用。如果有一個能規劃3～6個月的手帳，也可以代替使用。

透過心智圖來拓展思考，接著用甘特圖具體化接下來要做的事，這樣「早晨1小時」的任務管理就不會過於狹隘，避免了手段與目的的混淆。

任務的「細分程度大小」是從心智圖↓甘特圖↓晨間隨筆↓「早晨1小時」的播種。作為每天的習慣，可以以「早晨1小時」為基礎，並在需要定期檢視大致方向時使用這些方法。

心智圖

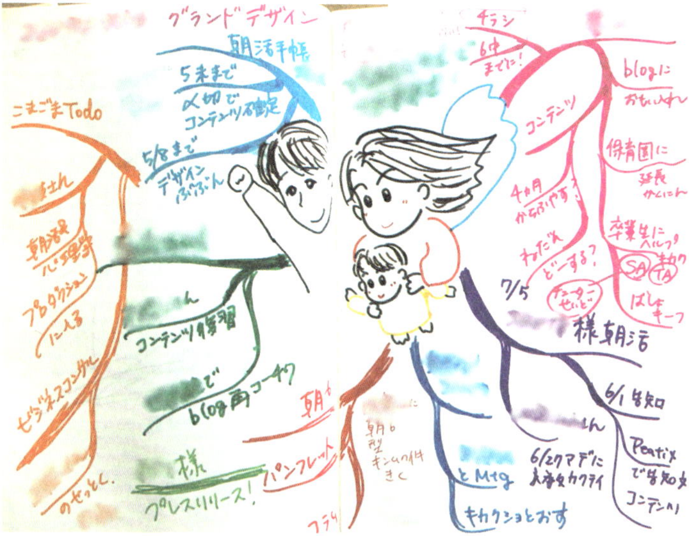

將心智圖的分支轉換為甘特圖

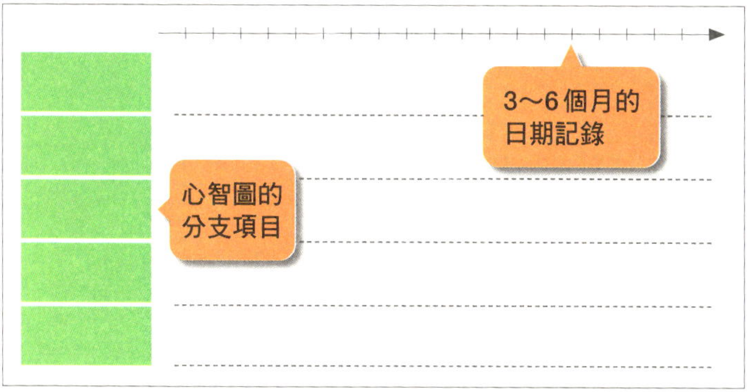

逆算思考的陷阱是什麼

這次介紹的「早晨1小時」任務分類的方法，不是先設定目標，然後倒推計劃的逆算思考型方法。而是一種將眼前的事情一步步積累起來的「堆疊型」方法。

當我考慮如何讓人生變得更好時，我認為有時候逆算思考會成為夢想的阻礙。當然，如同前一部分所提到的，對於3個月到半年、甚至1年這樣的大致目標，使用「鳥瞰視角」來俯瞰是必要的，但不需要太過細緻的計劃。若過於精確地進行逆算計劃，那麼自己將會被這些計劃束縛，並且有可能錯

以下是按順序，解析度逐步提升的圖示

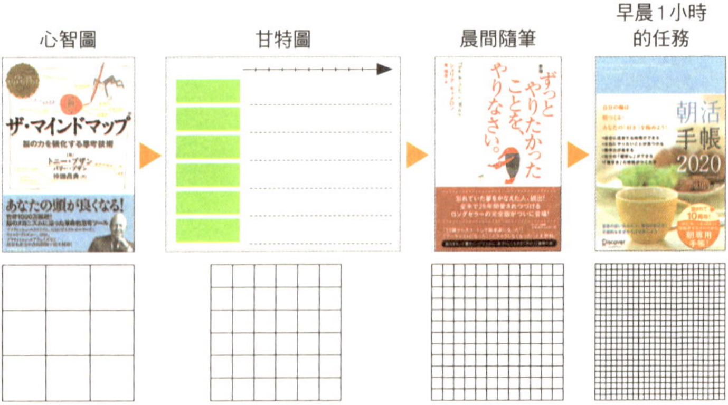

過預想之外的、更好的未來機會。

在現在這個時代，3年後、5年後，甚至我們現在所就職的公司將會變成「什麼樣的公司」仍然不確定，因此準確預測未來是非常困難的。而且，在將來變得更加有經驗和分辨力的自己，應該也不會希望被過去所訂立的精細計劃所牽制。

史丹佛大學的約翰・克朗伯茲（John D. Krumboltz）教授提出了「計劃中的偶然性＝規劃偶然事件理論（Planned Happenstance Theory）」。根據克朗伯茲教授的說法，職業生涯中的契機有80％是「偶然」的。如何把握偶然降臨的機會，是未來的關鍵。正如本書中所提到的，根據生命階段以及所處的位置來確認會變化的「志向」，並將其中一個「志向」作為主要方向，將另一個「志向」作為輔助，藉此靈活地制定計劃。

Section

3

「後30分鐘」
為夢想「播種」
並向前邁進

這種時候該怎麼辦？

——面向未來的「播種」分類法

在上一章中，我們介紹了如何在前30分鐘內規劃任務的「播種」拆解法。本章將說明當遇到困難時的應對方法，以及如何將不僅限於工作，還能為未來鋪路的「播種」轉化為具體任務的方法。

當提不起勁時，將「不用寫也能理解的事」轉化為任務

在執行「早晨1小時」的任務分類時，偶爾會發現自己無法順利完成任務，導致動力下降。這種情況通常發生在任務的「細分程度」過大時。

這時，不妨嘗試**將「即使不寫也能做到的事」列為任務，這樣可以掌握如何細分任務的技巧，使任務更加具體，進而提升執行力。**

舉個例子，來試著拆解「整理家裡」這個任務吧。

1. **整理客廳**
2. **整理廚房**
3. **整理書房**
4. **整理浴室**
5. **整理兒童房**
6. **整理衣櫃**

如果以「場所」為基準來拆解，任務就會變成六個。這樣一來，可以計算完成了多少項，讓進度變得更清晰可見。

接下來，再進一步拆解「整理」這個動作。

1. **丟掉不需要的物品**
2. **把散亂的東西歸位**
3. **使用吸塵器清掃**

4. 進行擦拭清潔

如果再進一步以「整理方式」來拆解，那麼「整理家裡」這項任務，至少會變成場所軸6×整理方式軸4＝24個以上的細分任務。

只要這樣列出清單，就不可能發生「完全沒完成任何一項」的情況。此外，這種方法還能計算完成率，進而分析為什麼能做到、為什麼沒做到，找出原因。透過「完成一項就能劃掉」的成就感，可以大幅提升自我肯定感。

當動力不足時，關鍵在於**即使是**

將To Do的「細項」進一步拆解

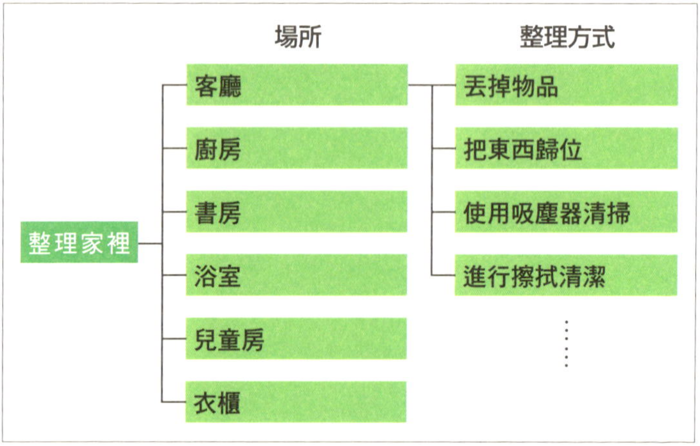

「不用寫也記得」的瑣事，也要毫不猶豫地寫下來。

即使你已經有自己的一套清掃規則，覺得不需要特地記錄，也可以為了獲得完成後的成就感而刻意寫下來。當你開始劃掉已完成的事項，就會產生「自己正在推進作業」的實感，幫助你更順利地前進。此外，也不需要一直提醒自己「不要忘記！」，這樣能減少腦力負擔，讓整個過程更加輕鬆。試試看吧！

專注於可控的事情，打破「職涯迷惘」

如前所述，個人的志向（工作&工作、工作&副業、工作&私人生活、工作&投資）會影響優先順序的設定。然而，也有些人會對自己的方向感到迷惘，不確定應該選擇哪種類型，或是對未來感到模糊不清。

要擺脫這種狀態，關鍵在於利用「早晨1小時」的時間，專注於當下「可控的事情」，並根據其重要性來設定優先順序。這些行動將成為你的「播種」過程。嘗試將腦海中的不安釋放出來，並從外部視角審視，將煩惱與壓力「可視化」，再進行分類整理。

具體步驟如以下3點。

1. 將煩惱與不安的根源，以「一張便利貼對應一個主題」的方式隨機寫下

2. 將時間軸設為橫軸，能否解決設為縱軸，然後製作表格來分類第一步中的煩惱

3. 當自己無法解決（無法控制）的煩惱時，請停止擔心，並將注意力集中於能夠自己動手解決（可控制）的煩惱。從短期的問題開始，逐步思考解決方案

重點是，將腦海中想到的東西，不管順序或煩惱的大小，隨意記下，並將腦中的混亂徹底倒出，直到寫滿「便條紙」為止。

例如：

- 無法承擔有責任的工作
- 公司可能有倒閉風險
- 上個月工作上的大失敗成為創傷
- 如果被公司裁員該怎麼辦
- 如果一直沒有男朋友該怎麼辦

將這些無論是工作還是私人生活中的煩惱，隨心所欲地寫下來。

煩惱和壓力的「可視化」範例

控制的可行性	短期：不安	短期：解決方案	中期：不安	中期：解決方案	長期：不安	長期：解決方案
可	事情太多，忙不過來	將待辦事項一一列出並掌握	沒有得到上司的評價	分析評價高的人，研究評價重點	因為沒有遇到合適的對象，可能無法結婚	積極參加有機會結識人的場合
不可	上週的簡報沒做好		同事比自己先升遷		公司可能會倒閉	

不安的時間軸

接著，像下一頁的表格那樣，將剛才寫下的便條紙貼在上面。

這項工作的優點在於，能夠讓我們從困惑的問題中抽身，重新以更遠的角度來審視那些因為問題的大小或時間軸等因素，單靠頭腦思考無法找出解決方案的問題。

事實上，我們經常為已經發生的錯誤後悔，或者為還未發生的事情擔心，思考那些「無法自力解決的煩惱」，並因此嘆氣。

例如，對於「同事比自己先升遷」這個事實，即使繼續「該怎麼辦」的擔憂，這個「事實」是無法改變的。所以，如果能夠下定決心，告訴自己不要再胡思亂想，反而可以分析同事升遷的重點，那麼就能擺脫那些會拖後腿的負面行為。

即使在理智上明白，但仍難以割捨的情緒牽絆，也能透過「早晨1小時」的時間來整理心情，轉化為前進的動力。當然，像天災或經濟趨勢等無法掌控卻必須做好準備的事項仍然存在，但我們應該將精力集中在可以解決的問題上，全力以赴處理眼前的事。為了確立這樣的心態，建議定期進行這項整理作業。

此外，橫軸代表時間軸，因此，建議從較容易著手的短期問題開始思考解決方案，這樣能讓思緒逐漸變得清晰。隨著思考的推進，可以進一步延伸到中期與長期的問題，逐步加以解決。

「自卑感」與「擅長的事」中隱藏著你的優勢

當你陷入「無法在目前的職場發揮實力」或「這份工作並非自己真正想做的事」的思考模式時，可能會感到迷惘，不知道該依據哪種志向來確立優先順序。這時候，建議嘗試以下兩種「播種」方式。

1. **列出「讓自己感到自卑的事」。**
2. **列出「自己覺得理所當然能做到的事」，並確認周圍的人是否認為這「很厲害」。**

接下來我將一一說明。

1. 列出「讓自己感到自卑的事」

之所以要列出「讓自己感到自卑的事」，是因為我們常常在自己認為「不擅長」

的領域中，隱藏著尚未發掘的優勢或成就感。其實，被稱為「〇〇的專家」的人，往往並不是因為他們擅長「〇〇」，而是因為他們曾經對其感到不擅長，才會努力將其系統化並深入研究。教人受歡迎技巧的人，可能正是因為自己過去不受歡迎，才拼命研究如何變得「受歡迎」。而我之所以能夠分享「朝活」，也是因為自己曾經無法早起，不斷嘗試改進後才找到適合的方法。

我身邊有許多在公開場合教學的人，其中有些人正是因為過去不擅長理解他人情感，才成為能夠體貼聽眾需求的演講指導老師。還有一位公認會計師考試從未及格過的人，因為深入研究考試內容，最終成為最受歡迎的講師。反觀那些天生就擅長某件事的人，往往不需要經歷困難，因此無法輕易將學習過程系統化。但那些**一直抱持著「做不到，但渴望能做到」心態的人，反而能夠細心地追蹤並理解每個學習過程，直到真正掌握為止**。因此，擁有自卑感並不是壞事，反而正因為有這樣的感受，才能更加有意識地關注它，並將其轉化為你的優勢。

理解自卑感其實是優勢的另一面，能讓你在面對困難與低潮時保持冷靜，也能改變你的視角，使你在日常生活中發掘更多樂趣。

你的「普通」，可能是別人的「很厲害」。每個人一定都有因為克服自卑感而變得擅長的事情，請務必試著把它們寫下來。

2. 確認周圍的人是否覺得「很厲害」

接下來，建議你列出那些自己覺得理所當然、毫不費力就能做到的事情，並觀察身邊的人是否認為這些事情「很厲害」。

以我為例，「每天凌晨四點起床」對我來說已經是一種長期習慣，我從來沒覺得這有什麼特別的，只是一直維持著這個作息。

然而，有一天我在午餐時隨口提到自己每天凌晨四點起床，沒想到大家的反應完全變了，一下子就開始問「你幾點睡覺？」、「為什麼要四點起床？」、「怎麼做到的？」這些問題接連不斷，大家的興趣非常高昂。

因為這個話題太有趣，後來促成了我在2009年出版《朝4時起き」で、すべてがうまく回りだす！》（MAGAZINE HOUSE）。

像這樣，對你而言「理所當然、不值得一提」的事情，對其他人來說，可能是極為珍貴的能力。

不過，需要注意的是，人的優勢往往很難由自己察覺。因此，當你開始懷疑「這件事會不會其實挺厲害的？」時，不妨試著向周圍的人分享，觀察他們的反應。

判斷標準之一，就是看看你被稱讚「很厲害」的次數有多少。你可以先列出10項自己覺得理所當然的能力，然後比較每項被稱讚「很厲害」的次數，來找出自己的優勢。除了面對面的稱讚之外，也可以透過Facebook的「讚」數、Twitter的轉推數等數據來評估。

透過這樣「早晨1小時」的「播種」，將自己的想法整理並寫下來，可以幫助你擺脱固有的思維框架與限制。建議定期撥出時間，試著寫下來看看！

可以使用5W2H將希望的觀察任務化

「工作&工作」、「工作&副業」、「工作&私人生活」、「工作&投資」……無論是哪一種類型，當你想像「如果未來成為這樣的話，那該有多好！」時，這就是「播種」的過程。

而這些想像是否僅停留在「幻想」中，還是能夠作為一個「計劃」來運作，取決於是否能夠透過「5W2H」的角度將其任務化。5W2H是指：何時（When）、在哪裡（Where）、由誰（Who）、做什麼（What）、怎麼做（How）、為什麼（Why）、多少錢（How much），這些角度。你在工作中應該也曾聽過這些。這不僅可以用在工作中，也可以應用於私人的幻想中。

舉例來說，假設你有以下的幻想。

- 你擁有一座海外海灘度假村的別墅，坐在陽台上，眺望著海面上沈落的夕陽，悠閒地喝著啤酒，隨心所欲地讀著自己喜愛的書。
- 減肥成功後，穿上以前絕對無法穿的、能顯示身形曲線的衣服，自信滿滿地走在銀座街頭。

在這時，仔細並具體地想像當夢想實現時你所穿的衣服的觸感、當時感受到的美好香氣、你正在享受的高級餐廳菜餚和味道等，越詳細越好，彷彿一切都已經成為現實，提前享受那份愉快的感覺。

當你想像著快樂的未來並感到幸福時，就進入具體化的過程。若要將「在海灘度假村的別墅裡悠閒度日」這個想法進一步具體化，可以這樣使用5W2H。

- 從眾多海灘度假村中，打開世界地圖或上網查詢，選擇候選地點。（Where）
- 思考為什麼選擇這個度假村。（Why）

- 思考想在幾年後於那個地方擁有一棟別墅？（When）
- 想像那時候會和誰一起？家人是否會增加？朋友會是什麼樣的人？（Who）
- 計算在該度假勝地購買別墅需要多少費用？（How much）
- 為了縮小現在的狀況與目標之間的差距，思考現在可以做些什麼？（How）
- 如果購買別墅的費用過於難以負擔，是否有其他方式可行？（例如，每年只租幾個月等。）（How）

當我們透過5W2H進行詳細推敲時，可能會發現某些環節無法具體想像，甚至遇到瓶頸。但能夠察覺到這些卡關的地方，其實是一件幸運的事，因為這正是可以深入思考如何克服的契機。一旦將思考延伸到這個層次，夢想成真的可能性也會跟著大幅提升。

進一步將規劃中的「How」部分細分並轉化為可執行的第一步，就能讓夢想開始朝現實邁進。將幻想↓5W2H作為每天「早晨1小時」的習慣，不僅能將願望具體化為可行的計劃，也能讓你在向他人表達「我想做這件事！」時不再猶豫。

「要是說出口了，結果卻做不到，那不是很丟臉嗎？」

「如果失敗了怎麼辦？」

因為這些各式各樣的擔憂，而將想做的事情深埋在心裡不敢行動，最終只會錯失寶貴的機會。

說出來確實需要一點勇氣。但只要願意花時間好好分析，將想做的事情具體化，那就一點都不可恥。即使失敗了，也只是重新運用5W2H來調整計劃而已。**每天的「早晨1小時」總是會來臨，無論何時、無論從哪裡，都可以重新開始。**

將晨讀作為「播種時間」的方法

無論是「工作&工作」、「工作&副業」、「工作&私人生活」還是「工作&投資」，將晨讀視為「播種」的方式都是非常有效的。

晨讀有兩大優勢。

・不會被外部干擾，因此能夠高度集中。
・能夠立即實踐從書本中獲得的知識，不會有間隔時間。

多虧了晨讀，我能夠用清晰的頭腦深入理解書中的內容，並享受順利推進事物的暢快感。晚上讀書時，常常會有「原來如此！下次試試看」的想法，但一覺醒來後卻忘了自己要嘗試什麼。然而，在早上的時間裡進行閱讀，能夠保持專注，不會分心，並且能立即實踐所學內容。透過將所學到的知識立即、毫無間隙地付諸實踐，便能提升各種技能。

不僅僅是技能提升，這個方法還適用於其他方面。比方說，如果早上讀到的雜誌裡介紹了公司附近的推薦午餐餐廳，那麼你可以立刻決定今天的午餐就去這家店。即使是這樣的小事也沒關係。與其說「改天再去」，不如決定「今天就去」，這樣一來，你累積的美食資訊也會越來越多，這也是一件很有趣的事情吧。

然而，有些書適合早上閱讀，有些書則不適合，所以我並不主張早上適合閱讀任何類型的書籍。

舉例來說，像戀愛小說、推理小說這類讓人心跳加速的書籍，或許更適合在夜晚搭配紅酒或花草茶，慢慢品味。也就是說，晚上適合閱讀能夠細膩觸動情感、需要較長時間消化的內容。例如，「這段話究竟是什麼意思呢？」、「如果是我，會怎麼做呢？」這類讓自己與內心對話的書籍。讀完後入睡，能夠讓情感沉澱、熟成，帶來更深層次的體驗。

相反地，早上適合閱讀「能夠立即應用的內容」，也就是能夠直接影響自己行動的資訊。

透過快速吸收知識來推動一整天的節奏，為工作做暖身運動。因此，像是實用技巧類的書籍、雜誌，或者正在準備考試的人，可以選擇證照資格的考試教材來閱讀。（不過，若還是很睏倦，可能讀著讀著就會睡著的話，建議搭配筆記，動手記錄重點，能夠提高專注力）。

像這樣，根據不同的目的，閱讀的方法與應用方式也會有所不同。

早上適合閱讀「可以立即應用的內容」，
晚上則適合閱讀「需要時間消化與應用的內容」

	可以立即應用	需要時間消化與應用
仔細閱讀	證照資格考試教材	概念／思想
輕鬆瀏覽	實用知識雜誌	傳記／小說
	適合早上讀	適合晚上讀

工作的「一人自我批評」讓你能夠客觀地看待

以「工作&工作」為志向的人，可能會在「早晨1小時」進行工作。對於這類人，我推薦的做法是，**將製作簡報或提交的資料視為「一人自我批評」的「播種」**。

在製作簡報資料或長篇文章時常常很難下手，或者反而會因為太專注而陷入情緒過度激昂的狀態，回頭一看可能會發現文章顯得有些混亂，這樣的情況你有遇過嗎？

這時候，可以在寫文章或製作資料的同時，將需要修正的地方一併寫出來，進行「一人自我批評」。以我來說，無論是寫連載文章還是書籍，我也會在寫文章的過程中進行「一人自我批評」。

具體來說，我會按照以下方式進行。

例如當我寫到某段文字，發現邏輯跳躍時，我不會停下來，而是會在文章中加上「前後說的東西不一樣」或者「你寫這個是什麼意思？」、「這個段落的邏輯不通」或者「後面需要加上數據佐證」這類內心的嘀咕和批評語句，用紅字標出來。

這樣一來，寫文章的手就不會停下來，可以在保持熱情的情況下繼續寫作。而在之後回頭檢查時，會注意到紅字的批評意見，並再次修改文章。在這個階段，即便文章還很混亂，至少也完成了一定的量，這本身就會帶來成就感。接著，在多次回顧的過程中，我會冷靜地分析這些批評語句，並對文章進行整理。

這不僅是自我客觀化的訓練，還能幫助你反覆用冷靜的眼光檢視文章，讓自己寫出的語句逐漸減少自以為是的成分。如果在晚上進行這項工作，因為大腦疲勞，批評的力度可能較弱；但是如果在早上做這項工作，批評的鋒利度會更高。

如何安排工作與人生的優先順序

在有關工作方式改革的講座中，我曾有機會談到「早晨1小時」的工作優先順序，並且收到參加者的以下問題。

「我總是會在眼前的工作優先順序、將來有幫助的工作、具有成就感的工作以及對自己職業發展有幫助的工作之間迷失方向。例如，這個計劃對公司和社會絕對是好事，我也想全力以赴，但它並不是直接的工作內容，因此很難優先開始進行，對如何平衡感到困惑。」

相信這絕對是個好工作並令人非常想推進，但眼前的工作也不能放著不管……這真是個令人困惑的問題。被眼前的工作追趕著，無法著手於有挑戰性或能夠提升自己職業生涯的工作時，會漸漸地開始擔心「這樣下去真的沒問題嗎？」。

儘管如此，還是喜歡工作，並且不會輕易提出辭呈，也不會輕易冒出離職的想法。在這樣的情況下，從現狀的不滿中尋找樂趣，也是「播種」的一部分。

例如，可以嘗試以下兩個方法：

1. 思考當前的工作與未來工作之間的「橋樑」。

2. 思考一個能夠讓公司信服的意義，並進行簡報。

接下來我將一一說明。

1. 思考當前的工作與未來工作之間的「橋樑」

首先，即使有點勉強，也要找到「對公司絕對有利的」措施與「目前正在做的工作」各自的價值。我稱這個過程為「架起橋梁」。

舉例來說，「為了讓大家都能認可，並且能夠自由地決定工作，我會集中精力專心於眼前的工作，並努力一年！」。或者，「隨著越來越多的人被允許擁有副業，我相信個人企業家對我所做的行政代理工作的需求將會很大。如果現在就思考如何讓事務流程更容易商品化，那麼未來從事副業或創業時，將會非常有幫助。」

2. 思考一個能夠讓公司信服的意義，並進行簡報

另一個方法是，想像一下如果向決策者進行簡報會發生什麼情況，並實際製作簡報資料。

將你認為對公司未來「絕對有利」且能夠全心投入的工作整理出來，並思考它將如何改變公司的未來。

在這裡，重要的是**從公司的情境出發來思考**。什麼是公司的情境呢？簡單來說，就是「能否賺錢」。有些人可能會覺得「能否賺錢」這樣的說法過於現實，但公司之所以能夠運作，是透過追求利益來改善社會，因此，即使你提出的是「對社會有益」的活動，如果這些活動「無法賺錢」，公司也不會批准。

因此，請嘗試在「早晨1小時」內，將你的措施與公司的本期或下期經營戰略、以及創業以來的經營目標相連結，並構思簡報，說明你的措施如何對公司的「盈利」產生至關重要的影響。

如果你為工作中沒有「播種」而煩惱該怎麼辦？

我在企業培訓中介紹過「早晨1小時」的任務分類，並請員工實際操作，但有時會收到一般職員的疑問。

「我明白優先排序的重要性，但我的工作大多是輔助性質，找不到屬於自己的播種。」換句話說，他們覺得自己的工作中沒有「播種」。這種情況下，該怎麼辦呢？

結論是，**任何工作中都一定存在「播種」**。如果將工作簡單地歸類為「誰都能做的工作」、「沒有播種的工作」，並因此停止思考，那麼眼前重要的「種子」可能就會被忽略。

其實，我自己過去也曾經認為自己的工作「沒有播種」，因此感到焦慮。雖然我在顧問公司工作，但只是負責資料製作的支援人員，而非真正的顧問。

實我很想成為核心顧問，但因為能力不足無法達成，這讓我感到鬱悶不已。

每天製作上百頁的PowerPoint資料時，我常常覺得自己像是一台「資料製作機器」。即使渴望以自己的名字來開展工作，卻總覺得自己只是個資料製作團隊中的一員。當時，專門負責資料製作的部門，除了顧問業界以外幾乎不存在，因此我甚至覺得即使想轉職也沒有辦法。

就在這時，上司的一句話徹底改變了我對工作的看法。

「我們的工作不僅僅是支援人員，而是維持公司品質的最後防線。」

顧問這份工作，本質上是以知識與思維為商品。而我們部門的職責，就是將這種無形的商品轉化為具體可見的形式。正因如此，製作精緻且注重細節的資料、打造清晰易懂的內容，才是支撐公司品牌的重要基石。

當我對工作的意義產生新的理解時，眼中的世界也隨之改變。

在我重新審視自己的工作時，我發現資料製作部門其實是一個相當了不起的地方，能夠親眼見證企業經營策略的制定過程。透過深入閱讀資料，我開始對企業如何制定策略有了一定的理解，也能夠稍微感受到其中的動態變化。隨著經驗的累積，我漸漸能夠判斷「這樣表達會更清楚」，並開始提出改進表達方式的建議。當我為自己的工作找到「意義」時，心態也隨之改變。而在心態轉變之前，我在公司內部的評價並不理想，但後來這些評價也逐漸提升了。

如果將自己的工作視為「作業」性質，可能會覺得它像是「疏苗（藍色）」或「醃漬（黑色）」，但如果視為「價值」，那它便是提升公司價值的工作，也就是「播種（紅色）」。

常見問題 我的工作只是輔助性質沒有「播種」

目前的工作沒有發展彈性嗎？

↓

什麼樣的工作比較有發展彈性？→銷售業務？

↓

為什麼業務職能具有發展彈性？

→ **因為具備溝通能力**

↓

要如何將業務的要素融入目前的工作？

增加與客戶的接觸機會？

加強公司內部團隊合作？

無論任何工作都一定存在「播種」

例如，精通現場事務流程的人並不會完全被AI（人工智慧）或RPA（機器人流程自動化）取代。能夠判斷「機器可以做的工作／機器無法做的工作」的能力和判斷力會被提升。如果你認為「我的工作最終會被機器取代」，那麼你看待工作的方式就會不同於認為「我的工作是培養只有人類才能做出的判斷力」時的態度。兩者在對工作意義和樂趣的理解上，自然會有很大的不同。

既然這麼有機會，利用現在所處的公司環境，就來實現自己想做的事情吧！這樣一來，每天的工作也會變得更有動力，不是嗎？

如果覺得自己的工作只是支援性質，沒有「播種」，而且感覺無法轉換其他工作，那麼請試著在「早晨1小時」內思考如何讓自己的工作具備更多的轉換性，這樣的思考本身也是一種優秀的「播種」。

「收割」的標準化也是一種「播種」

為了能空出時間培養興趣，思考如何提升家務與工作效率，也是一種「播種」。**當我們考慮如何節省時間、提高效率時，關鍵在於如何讓「收割（綠色）」的部分能夠機械化處理**。試著在「早晨1小時」內，將需要標準化的工作流程編寫成手冊，作為播種的一環吧。

在標準化的過程中，請特別注意「用數字量化」、「具體化」。如果手冊中充斥著「視情況而定」、「必要時」等模糊表述，將導致每次都需要重新思考，反而無法提高效率。理想的標準化應該讓決策變得無需猶豫，就像機械般流暢執行。這不僅能讓自己輕鬆，也能讓周圍的人更容易理解與使用。

例如，針對每月一次的例行會議，可以將會議前、會議中、會議後的工作與任務整理成標準流程。

會議的標準作業範例

To Do	截止時間	工作內容
會議通知	7天前 7天前 3天前 1天前	□傳達會議目的與主題 □通知會議預定時間 □確認參與者名單 □列印會議資料
會議準備	30分鐘前	□確認列印資料數量
會議進行中		□會議內容講解 □確認決議事項 □確認工作分配 □確認下次會議排程
會議結束後	當天內	□撰寫會議紀錄 □發送電子郵件

私人標準作業範例（以育兒家庭為例）

～07:30 早起後準備	～18：30 回家後準備	～20：10 睡前準備	～20：20 洗澡準備	20：30～ 客廳整理
□清洗奶瓶 □幫寶寶換掉睡衣 □準備牛奶 100cc □填寫聯絡簿 □倒垃圾 □從洗碗機取出餐具並歸位	□燒開水並倒入保溫壺 □解凍離乳食品（粥塊4個） □收取曬好的衣物 □準備晚餐用的牛奶	□準備尿布4片 □準備礦泉水1瓶 □準備牛奶 180cc 3瓶 □加濕器加水 □準備浴巾1條 □準備枕頭巾1條	□準備浴巾1條 □準備洗臉紗布1條 □準備嬰兒油	□摺洗好的衣物 □準備睡衣與內衣 □準備保濕凡士林 □準備梳子 □整理幼兒園備用衣物 □準備圍兜 □在5片尿布上蓋名字印章

順帶一提，當我的孩子還不到一歲時，我曾製作過家庭事務的操作手冊。例如：「早上起床後……準備牛奶100CC／填寫聯絡簿／倒垃圾」、「回家後……燒開水並倒入保溫壺／解凍離乳食品（粥塊4個）／準備晚餐用的牛奶」等，將具體的時間和需要準備的事項標記清楚，並製作成手冊。這樣一來，就能夠順利地與丈夫分工協作，讓家務更加高效。

「將熱愛變成工作」的早晨活動舉辦方式

即使不以獲取大量被動收入為目標，許多人仍希望透過分享自己長期投入的興趣來貢獻社會。在這種情況下，透過社群媒體發表內容，或籌劃小型聚會並為之做準備，也是一種「播種」的行動。

可以先從在社群媒體上分享自己的作品開始，或邀請可能感興趣的親朋好友參加。建議先嘗試免費舉辦活動，看看參與者的反應。如今，只要透過Twitter、部落格或社群媒體發出「一起來參加吧！」的邀請，就能迅速聚集有興趣的人。最初即使只是與朋友們一起開始也沒問題，如今舉辦活動的門檻比過去低得多。

特別推薦定期舉辦「早晨活動」，因為參加者較容易安排時間。許多人晚上可能有不確定的行程，但只要自己願意早起，就能順利進行。此外，由於早晨活動必須在工作開始前結束，因此不會拖拖拉拉，反而更容易培養成習慣。

或許主辦人聽起來有點正式，但可以先以發起人的心態，輕鬆邀請朋友或夥伴一起參與，從小規模開始嘗試。

重點在於選擇不會枯竭題材的形式。

例如，假設你想利用自己學習獲得的財務相關證照，舉辦一場「加深金錢知識的學習會」。如果只是分享教科書上的內容，那麼當教材講完後，這場早晨活動也就結束了。若你希望運用自身經驗來傳授知識，不妨舉辦與金錢相關的讀書會或新聞討論會，讓大家以你的視角進行討論，這樣就不會面臨題材枯竭的問題。畢竟，每天都有新的書籍出版，新聞也不斷更新，這樣一來，你也不需要花太多時間煩惱「下一次該怎麼辦呢？」

我自己也主辦了一場名為「早晨美食會」的活動，已持續超過十年，內容是在餐廳享用美味早餐。由於供應早餐的餐廳不會消失，因此這類活動能夠長久經營下去。

開始「自我測試行銷」吧

如果你現在的工作讓你感到不滿，覺得自己不像自己，或者想要更自由地工作……可能有很多人會想要創造一個除了職場之外的「第三場所」。

在這時，你需要思考的是，能否清楚地用語言表達對你來說什麼是「自由」，什麼是「自我」，這些價值觀是否明確？

因為，要達到「工作是遊戲，遊戲是工作」的狀態，你需要清楚了解自己需要什麼，並將其排序，做出取捨。如果你覺得目前的公司缺乏「自由」，這樣的思維會讓你停滯不前。但是，許多一個人無法單獨達成的成果，在公司這個組織中，透過賦予你更大的權限和預算是可以實現的。這樣一來，你會發現其實公司裡也藏著某種形式的「自由」。

為了找到屬於你的「自由」，從過去的行為中探索你喜歡什麼、討厭什麼的價值觀，也是很好的「播種」。

很多人在求職或轉職時，為了給面試官留下好印象，會進行表面的自我分析，但為了自己，徹底且定期地進行自我分析是非常必要的。如果在生活中沒有完成適當的自我分析，你會發現自己一遍又一遍地面臨同樣的問題，或者你會忽略真正需要學習的東西，而把時間浪費在其他學習上，很難將你所學到的知識轉化為成果。

那麼，該怎麼做呢？我建議先暫停把注意力放在外界，並停止與他人比較，轉而專注於發現自己內在的資產。具體來說，可以從幼稚園、小學、中學、高中等不同的階段，**將每個階段的「三大開心的事」和「三大難過的事」列出來，並思考為什麼當時感到開心或難過**。回顧過去，想一想那些曾經全身心投入、忘記時間的原始經歷，或者從小就感到憤怒的事。

徹底地進行自我盤點後，你會發現，「我喜歡連接人、物、事」、「與其成為第一名，不如在幕後支持第一名並作為參謀更能發揮自己的能力」、「我更像是職人而非商人」、「我更喜歡獨自默默地達成目標，而不是團隊合作」等等，這些會幫助你看清自己職業發展的方向。

到這裡為止，是你「職業方向性」的假設。由於這還處於假設階段，並不建議你馬上轉職或調動。首先，應該在現有環境中小小地測試自己的職業方向。

以之前的例子來說，可以在現在的環境中嘗試能否發揮「連接他人」、「參謀氣質」、「職人精神」、「獨自默默努力」等特質的工作。如果在公司內找不到相關機會，可以嘗試在公司外的社群中，或者參與無償提供專業知識的「為公眾利益」（Pro Bono）活動，將自己作為「新角色」來測試。同時，也可以透過過部落格或社群媒體來發表自己的想法。

這就是「自我測試行銷」的意思。先確定自己價值觀的方向，進行小規模的測試，並調整方法，這樣就能實驗自己所喜愛的事物和自己珍視的價值觀是否能夠在現實世界中得到認可，並且是否帶來樂趣。

將「熱心助人」轉化為「播種」的方法

當你盤點自己的優勢，想為即將到來的副業解禁時代做準備時，有一種推薦的播種方式，那就是「將你忍不住想挑毛病、想多管閒事的事情轉化為文章」。

事實上，那些讓你覺得「有點不對勁」、「讓人著急」、「換作我一定能做得更好」的事情，往往隱藏著你獨有的解決能力和專業性。不妨利用每天早上的30分鐘，把那些讓你忍不住想糾正、忍不住想提供建議的事情記錄下來。

舉個例子，以我自己來說，因為長年從事簡報設計相關的工作，坐電車的時候，會下意識地用簡報製作的視角來分析車內廣告或雜誌廣告。我會在自己的腦海中修復那些太長或雜亂的句子，或是那些看起來不協調的配色和設計，並感到精神煥發。這種「忍不住想改」、「可惜！」、「好浪費！」的感受，實際上正蘊含著讓你開展「副業

&斜槓工作」的線索。

・你覺得可惜的事。

・你的專業角度來解釋，為何會覺得可惜。

・果進行Before→After的調整，怎麼做會變得更好。

這樣一來，你就能擁有適合發佈在社群媒體或部落格上的內容，而且也不用擔心洩露機密的問題。

例如，如果你對美容與化妝技巧有深入了解，可能在路上看到某人的眉毛時，會忍不住想「這個臉型搭配這種眉毛會更適合！」、「這眉毛的形狀太可惜了！」。這種「覺得可惜」、「如果能這樣做就好了！」的感受，正是你獨特的切入點。如果能將這些觀察轉化為文章或影片，不僅能展現你的專業，也能吸引對這個領域有興趣的人關注你。

前陣子，我從一位曾任職編輯的朋友那裡聽到一個有趣且獨特的觀點。她對美術館的說明文字總是難以理解這件事感到不滿。由於說明內容晦澀，觀賞者往往需要花很長時間才能看懂，因此會在畫作前久站不離，導致館內擁擠，對誰都沒有好處。如果能透過更清楚的標題或更有條理的文章來整理說明，美術館的參觀體驗將變得更加愉快！這種想法正是她身為專業編輯的獨特視角。

對於專業知識來說，教科書無疑是最詳盡的，與教科書相比，我們的知識量與完整性自然無法匹敵。

然而，實現「工作&副業」並行的關鍵，並不在於向他人傳授完美無缺的知識，而是利用你的觀察力，從「令人惋惜的現狀」與「理想狀態」之間找出差距，並運用你的專業知識與經驗來改善它。你的「觀點」與「視角」就是最具價值的產品。如果能利用「早晨1小時」來進行這樣的點子發想，開始一天的工作時是不是也會充滿期待呢？

將經驗轉化為可販售的商品

「我想把自己的經驗寫成書籍、教授給他人，或製作成內容產品」等這樣的想法本身也是一種「播種」。

如果能將自己在公司工作時學會的技能轉化為專業領域的優勢，並且發展成個人事業，那將是一件令人欣喜的事。此外，一旦達到商業出版或影像化的程度，還能帶來版稅等被動收入，使你的職業生涯更趨向「工作&投資」的模式。不妨利用每天的「早晨1小時」，嘗試將你的知識轉化為可供大眾理解的內容吧！

要將自身的知識轉化為可系統化、普及化的內容，可以按照以下三個步驟進行。

1. 徹底回顧自己的經驗（包括工作與私人生活）。

2. 思考自己的經驗是否能解決他人的「困擾」。

3. **構思概念並聽取周圍人的反饋。**

接下來我將一一說明。

1. 徹底回顧自己的經驗（包括工作與私人生活）

不僅是成功經驗，還包括失敗經驗、反思點，以及現在的自己在回顧過去時，會覺得「當初應該這樣做才對」的事情，都詳細寫下來。

關鍵在於，不僅要回顧工作的經驗，也要檢視私人生活的經驗。因為在工作中取得成果的原因，往往與你的個人特質密切相關，而工作與私人生活其實是相互影響、無法完全切割的。如果刻意將「這是工作」、「這是私人生活」區分開來，思考的靈感也會因此受限。因此，請自由地回想過去的經歷。

2. 思考自己的經驗是否能解決他人的「困擾」

試著條列出「是否有這樣的人，正為這類煩惱所苦？」、「我的經驗能否幫助他們解決這個問題？」

以我策劃的晨間專用手帳《朝活手帳》（Discover 21出版）為例，我觀察到許多人有以下困擾：

- 想早起，卻總是無法做到。
- 想擁有自己的自由時間，但無法實現。
- 讀過關於早起或習慣養成的書籍後充滿動力，但熱情往往無法持續超過三天。
- 無法早起時，會陷入自我厭惡的情緒。

我思考是否能運用自己的技能，例如「透過圖解整理資訊」、「設計模板化系統」、「將負面思維轉化為正面信念」，來製作一本手帳，幫助人們解決這些問題。

3. 構思概念並聽取周圍人的反饋

以《朝活手帳》為例，我提出了一個透過系統化方式解決「想早起卻做不到」問題的「晨間專用手帳」概念，並製作企劃書向出版社提案，最終獲得採納。2011年首度發售時，我在Twitter上分享了這個概念，獲得廣大迴響。首刷《朝活手帳2011》銷售一空，甚至在店面完全買不到。隔年3月，出版社破例推出了《朝活手帳 無日期版》。自此之後，該系列已連續10年獲得使用者的廣泛支持。

真正的「工作方式改革」從質疑規則開始

無論是「工作&工作」、「工作&副業」、「工作&私人生活」還是「工作&投資」哪種志向，找到當前工作中不合理、浪費以及不穩定之處，提升工作效率，都是共同的課題。作為「早晨1小時」的「播種」行動，花點時間去質疑公司內部那些「因為規則如此」或「一直以來都是這樣」的慣例，也是很好的時間運用方式。

前些日子，我參加了一場針對某企業事業部長的提案簡報會。發表者是十幾位管理職候選的女性。在簡報前，我對她們進行了一對一指導，包括簡報架構的設計方法、蒐集數據來傳達想法的方式等。一個月後，每位參與者需在10分鐘內向事業部長提案自己策劃的創新想法，作為訓練的一環。

這些發表者的想法都整理得井然有序，幾乎無可挑剔。然而，也正因為過於嚴謹，有些提案雖然沒有缺點，卻也缺乏吸引人的亮點，顯得平淡無奇，稍嫌可惜。

「事前個別討論時提出的想法那麼讓人興奮，為什麼最後變成這樣呢？」我感到疑惑，於是事後詢問了一些發表者，結果聽到不少人說：「因為找不到能夠讓自己的構想更具說服力的數據，只好放棄，轉而選擇能夠收集數據的內容來做簡報。」

如果是在正式的對外簡報場合，當然不能說「目前還沒整理好」這種不成熟的發言。然而，這次的會議本來就是為了發表創意想法而舉行。我希望即使數據還未齊全，她們仍能選擇讓人興奮的方向進行簡報。我希望她們能夠大膽地說：「這項數據雖然還沒找到，但我相信這個想法很棒！」可惜最終的發表少了這種自信與熱情，讓我感到相當惋惜。

儘管如此，沒有明確傳達對她們的具體期望，這點確實是我的疏忽。再加上我強調了「說服力需要數據」這一點，導致她們過於專注於數據蒐集，這次的經驗也讓我深刻反省自己的不足。

「因為這是規則」這句話，往往帶有一種令人停止思考的誘惑。遵守既有規則，不去質疑，便不會遭受批評，這樣做最輕鬆、最安全。

然而，若因為「必須按照規則來做簡報」，導致原本有更好的想法卻無法呈現，而只能選擇「符合規則的次佳方案」，那麼這樣的簡報已經偏離了真正的目的。因為自己真正相信的想法被捨棄了。換句話說，目標與手段不知不覺間被顛倒了。

「因為這是規則。」

「一向都是這樣。」

當你發現自己在執行某件事時，默認「這就是規則，改不了」，不妨先停下來思考「這條規則到底是為了什麼而存在？」

過於執著於遵守規則，反而會讓思維受限，難以跳脫既有框架。不要把可以變更的規則誤以為是「不能改變的」，以免限制自由發展的創意，讓想法受到束縛。

請不要因為沒有前例或不符合規則，就放棄讓你感到興奮的想法。勇敢提出自己想做的事，毫不猶豫地邁出實現未來的第一步。而這第一步，就是我這次分享的——運用「早晨1小時」的早晨習慣。

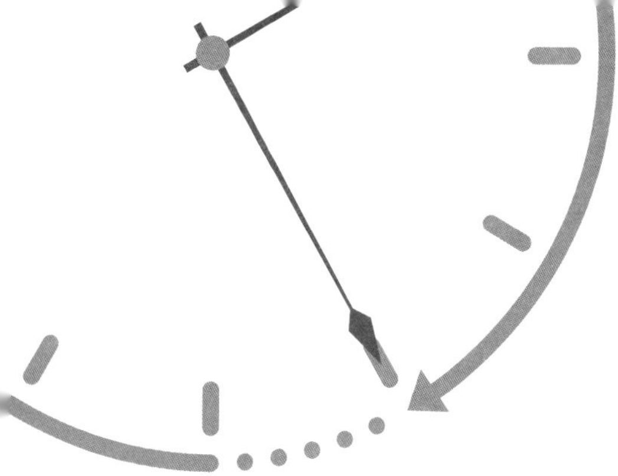

Plusα contents

即使再忙，
也能創造「早晨1小時」的
「START UP」法則

早起的心態準備

到目前為止，我介紹了如何透過「早晨1小時」的任務分配來改變人生。然而，有些人可能會覺得自己不擅長早起，或是根本無法擠出這「早晨1小時」。因此，接下來我要分享如何培養出「早晨1小時」的習慣。

對於早起時而成功、時而失敗且作息不穩定的人來說，只要實踐本章內容，就能成功將生活作息轉換為晨型模式。

「早起」不是目的而是手段

「今年一定要早起！」每年都這樣想，卻始終無法堅持的人，往往容易陷入「成功早起需要強大的意志力和決心。」或「做不到自己想做的事就是不行，必須再努力！」的迷思。

但其實，行為科學專家曾指出，能單純依靠「意志力」或「幹勁」來持續運動、學習或培養習慣的人，只有大約2%。這代表光靠「幹勁」來推動自己是短暫的，真正重要的是如何**將「幹勁」轉化為「機制」，並自然地融入生活當中**。

此外，還有一點非常重要，那就是請下定決心**「絕對不削減睡眠時間」**。「為了早起，必須少睡一點」這種想法是錯誤的。前陣子，有人跟我說：「我每天只睡4小時，但我想再早起一點。」這讓我大吃一驚。與其犧牲睡眠，不如調整作息，將「生活時間轉移到早上」。

我常說**「請把自己想像成正在『早起國』留學」**就像「剛抵達時差一小時的國家」一樣，試著用這種心態開始晨型生活吧！

將早起視為最終目的，往往是因為對自己的「志向」理解不夠清晰。根據自己「志向」的不同，該削減的事物與無法妥協的部分也會有所不同，進而影響時間的運用方式。如果經過各種嘗試後，仍然覺得「果然我還是晚上比較能靜下心來」，那麼為了在晚上能擁有從容的時間，將早上用來準備家務作為一種「播種」也完全沒有問題。

舉個例子，來介紹一位屬於「想在夜晚從容放鬆」類型、並且偏向「工作&工作」志向的35歲職業婦女的日程安排。她與丈夫共同工作，並育有一名3歲6個月大的女兒與1歲8個月大的兒子。她的主要目的是透過工作獲得成果，因此會依據以下標準來做取捨選擇。

35歲，育有3歲6個月大的女兒與1歲8個月大的兒子
雙薪職業媽媽的日常作息（早上6點起床，凌晨12點就寢）

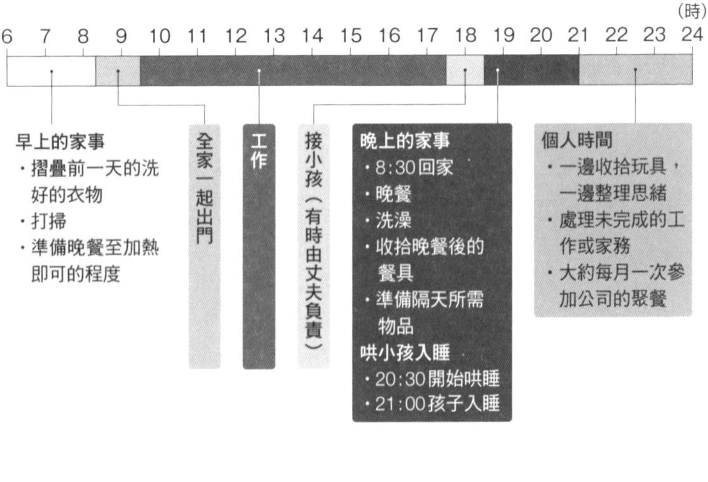

- 為了能在「夜晚的獨處時光」中放鬆心情後入睡，所以她把早上所做的「準備」視為「播種」，以便順利完成晚上的家務。
- 早上就把洗衣物折好，做簡單的掃除，並將晚餐準備到只需要加熱的程度。
- 比起因為電車的移動時間而犧牲夜晚個人時間，寧可搬到離公司較近的地方，雖然房租可能較高，但能縮短通勤時間。
- 工作和家務等推遲到22點以後的話，皆視作「加班處理」，對家務也保有截止時間的意識。
- 在目前階段，育兒的最優先事項是「飲食」和「睡眠」。即使房間稍微凌亂，只要飲食正常並且睡得好，孩子也能健康成長。當忙碌時，也會將掃除延後處理。

這樣一來，根據目的的不同，選擇與取捨變得更加明確，也不會再有猶豫。沒有猶豫的情況下，行動會變得更加迅速，這樣就能夠創造更多的時間。

以成為短睡眠者為目標是愚蠢的

如前所述，**朝活並非削減睡眠時間，而是將生活時間轉向早上**。

而且，目標成為短睡眠者是錯誤的，這一點也在研究中逐漸被證明。根據「Web National Geographic」的報導，在2019年9月的神經科學專刊《Neuron》中，發現了一種短睡眠者基因，它可以讓人在睡眠時間短的情況下不感到睏意（來源：短時間睡眠但不感到睏意的基因變異https://style.nikkei.com/article/DGXMZO54508360X10C20A1000000）。

根據該研究，如果ADRB1基因的鹼基發生突變，會改變睡眠時間，但這種變異的發生頻率每10萬人中只有約4人，屬於非常罕見的情況。這一發現表明，試圖透過訓練或努力成為短睡眠者是浪費時間的。若減少睡眠時間反而導致生產力或專注力下降，那麼就本末倒置了。

環境調整「START UP」法則

要將生活時間轉向為早上，並創造「早晨1小時」，請實踐早起活動的「START UP」。

早起活動的「START UP」包含以下四個步驟，需依序進行。

1. **Sleep（睡覺）：確保最適當的睡眠時間。**
2. **TARget（設定目標）：根據不同志向設定播種計劃。**
3. **Time（時間）：自動化早上的事務，為播種計劃創造時間。**
4. **back UP（備份計劃）：為了不讓自己因失敗而沮喪，制定備份計劃。**

早起活動的START UP 1

「Sleep（睡覺）」：確保最適當的睡眠時間

縮短睡眠時間雖然不可能，但可以了解自己適當的睡眠時間並調整睡眠時間。

我已經陪伴許多人解決「想早起卻做不到」這個困擾超過十年，但現狀是，了解「多少睡眠時間會如何影響自己的表現」的人仍然很少。

睡眠時間因個人差異、年齡、白天活動量、健康狀況等因素而有很大變化，但你是否曾經受到媒體的言論或是「大概這麼覺得」的感覺影響，而隨便下定論呢？如果你有這樣的情況，我建議你可以先檢視一下自己最適合的睡眠時間，並根據身體狀況來進行調整。

就像減肥一樣，即便是攝取相同的熱量，還是會有些人會發胖，有些人不會。睡眠時間也是因人而異的。首先要弄清楚，對你來說，合適的睡眠時間是多少？至少需要睡多少小時才能勉強應付到第二天？睡太多會是什麼情況？主動收集一些關於自己睡眠的數據，並觀察不同的睡眠時間對你狀態的影響。

具體而言，我建議你**使用90分鐘X（4或5）＋α的計算方式來測量自己的一週適合睡眠時間**。具體的步驟如下。

①了解快速動眼期（REM）睡眠和非快速動眼期（NREM）睡眠的模式

在最初的一週，建議以90分鐘為單位，加上入睡時間（每個人不同，通常大約是30分鐘）來調整睡眠時間，這樣可以幫助你找到白天最能保持專注且不會感到昏昏欲睡的臨界點（也就是適合的睡眠時間）。例如，你可以安排週一至週三睡7.5小時＋α的入睡時間，週四至週六睡6小時＋α的入睡時間，剩下的一天則根據自己的身體狀況進行調整。

②從適當的睡眠時間界線開始，嘗試增加或減少睡眠時間來進行調整

根據在①中了解的適當睡眠時間界線，逐步增加或減少睡眠時間，設定出自己的最佳睡眠時間界線和超過睡眠時間界線。

③記錄日誌，探索睡眠時間與白天表現的關聯

在調整期間，請記錄日誌。記下「自己感覺如何」以及「下午感到多睏」等各方面的細節。透過這些記錄，你會發現最適合自己的睡眠時間。

另外，《朝活手帳》中有一個欄位，可以將睡眠時間和起床時間對應的身體狀況變化分為五個級別記錄下來，可以多加利用。

順便一提，對我來說，如果睡眠時間少於7小時，大約到14點左右會開始感到睏倦，因此當只有5小時或6小時的睡眠時，我會減少午餐量來應對午間的睏倦，或是喝咖啡後小睡一會（根據我的經驗，喝完咖啡後大約小睡15分鐘，剛好咖啡因發揮效果時會醒來，這樣醒來會覺得清爽，非常推薦）。

此外，適當的睡眠時間和起床時間會隨著人生階段和志向的變化而有所不同，所以這並不是一成不變的，也不是決定好就結束的。

1	2	3	4	5	6	7	8	9	10	11	12	13	14（日）
最初的1週							**接下來的1週**						

STEP1

花1週時間了解自己的
適當睡眠時間界線

90分鐘×（4 或 5）＋α（入睡時間）

例如
週一至週三：7小時半＋α
週四至週六：6小時＋α
週日根據身體狀況調整

STEP2

在了解自己的適當睡眠時間界線後，
逐步增加或減少睡眠時間，
並記錄身體狀況和心情的變化

例如
適當睡眠時間界線是7小時
→最低睡眠時間界線是6小時
（少1小時）
→超過睡眠時間界線是8小時半
（多1.5小時）

以我的情況來說，我會根據人生階段的變化來調整睡眠時間和起床時間。

在19歲時，醒來後開始準備升學考試

↓22點睡覺，早上5點半起床，睡7個小時半。

24歲左右，恢復早起生活

↓23點睡覺，早上5點半起床，睡6個小時半。

大約30歲到40歲懷孕之前

↓23點睡覺，早上4點起床，睡5小時。

懷孕期間

↓21點睡覺，早上4點到5點起床，睡7到8小時（懷孕期間因為會感到睏倦，睡眠時間增加）。

孩子出生初期

↓20點半睡覺，早上4點起床，睡7個小時半（孩子出生後，由於必須分段睡覺，實際上大約只有6小時的睡眠時間）。

現在孩子4歲時

⬇21點到22點睡覺，早上4點到5點起床，睡7小時（取決於孩子入睡和夜間醒來的情況）。

我現在也在一邊撫養小孩子，一邊不斷的進行嘗試與調整。隨著孩子的成長，生活模式會不斷變化，養成的習慣也可能很快就無效了。儘管如此，只要掌握了「自己需要睡多少小時，才會達到什麼效果」的模式，即使每天發生變化也不再令人害怕，反而能夠享受這些變化。首先請試著史用我介紹的方法，來積極收集有關自己的數據。

早起活動的START UP 2

「TARget（設定目標）」：根據不同志向設定播種計劃

如果只是單純因為「感覺人生可能會有所改變」或「總之早起比較好」這種理由開始進行早起活動，是很難持續下去的。要讓早起活動持續下去，最好是將「成功」的標準用「數字」來「具體」定義，並在此基礎上制定早上的時間表（我稱之為

「SUGU法則」，※SU＝數字，GU＝具體）。

如果用「SUGU法則」來定義成功，就能避免僅僅因為一天的懶散就產生「算了，沒關係」或「我放棄了」的心態。在確定了成功標準後，讓我們開始規劃「播種」的時間吧。

目標如果太細小，容易將手段和目的混淆；如果太粗略，又會感覺不到前進。因此，建議將目標分為「大目標」和「小目標」。如果發現自己開始混淆手段和目的，可以隨時回到這個定義，並將它寫在手帳或其他顯眼的地方。

如果是以「工作&工作」為志向，並希望在目前的公司中升遷

【大目標】

在明年3月的人事考核中獲得最高評價，這對我來說就是「播種」。

【小目標】

每週提出5個有助於提升公司營業額的企劃，並且能在上班前提出創意想法，這對我來說就是「播種」。

如果是以「工作&私人生活」為志向，並希望更加精進馬拉松這項愛好

【大目標】

在明年2月參加首次全馬拉松並完成比賽，這對我來說就是「播種」。

【小目標】

每週3次，在早上的時間在家附近跑步5公里，這對我來說就是「播種」。

如果是以「工作&副業」為志向

【大目標】

在明年4月前，找到一個既能帶來成就感又能提升收入的副業並啟動，這對我來說就是「播種」。

【小目標】

在公司取得成果的同時，每週找到1位正在愉快經營副業的人的例子，並能在上班前查詢到，這對我來說就是「播種」。

如果是以「工作&投資」為志向，並以獲取薪水之外的被動收入為目標

【大目標】

在3年內，實現月薪加上每月15萬日圓的被動收入，這對我來說就是「播種」。

【小目標】

每週找出1位在房地產、股票、智慧財產等領域中，成功且符合類似條件的人的案例，並閱讀相關書籍，這對我來說就是「播種」。

早起活動的START UP 3

「Time（時間）」：自動化早上的事務

為了確保「早晨1小時」的「播種」時間，對於其他不想花太多時間的事情，最好事先規劃好流程，這樣就不會因為早上的忙碌而感到痛苦。為了能夠無壓力地完成，不必過於拘泥細節，試著將早上的行動自動化吧。如此一來，就能克制自己不被情緒左右，避免陷入「今天就算了吧」或「找理由不去做」的狀態。

將早起習慣化的過程是辛苦的，因此容易陷入「算了吧」的陷阱。養成新習慣大約需要10天到2週的時間。然而一旦變成習慣，就像洗臉或刷牙一樣，無需特別下決心，每天早上起床後便會自然而然地重複相同的行動。同樣地，目標是不需多加思考就能讓身體自動行動，若能事先規劃好早起後應該做的事情，就能避免剛起床時被睡意影響。平時不特別留意的準備早餐或早上整理等事務，透過事先制定「這種情況就這樣做」的明確規則，可以減少「決策疲勞」。

習慣之後，就像沒刷牙會覺得不舒服一樣，不按照固定模式行動反而會感到有違和感。如果能達到這個狀態，那就成功了一半。接下來只需要按部就班地按照計劃行動即可。當然，一開始可能需要不斷嘗試與調整，但一旦確立了最適合自己的模式，重點就在於如何穩定且持續地執行。

具體來說，為了確保能將「早晨1小時」用於「播種」，並且能夠毫不猶豫地完成早上的準備，我們應該將各種事項制定成個人化的規則。

以下將提供一些依據不同目標與志向制定的大目標與小目標範例，請在參考後，試著制定屬於自己的個人規則吧！

■工作&工作志向

為了能夠盡快開始進行工作的準備，每週根據星期決定服裝、早餐只準備前一天的剩菜加熱、搭乘第一班電車確保能坐到位子、回家後立即睡覺，還有在早上先把衣服洗完等方法來節省時間。

■工作&私人生活志向，興趣是跑步

每週日查看一週的天氣預報，決定每週三次跑步的日期。為了能夠在早上起來後立刻開始跑步，把運動服放在枕邊。運動回來後為了能立即洗澡換衣服，將衣物準備好放在浴室。

■工作&副業志向

為了擴展視野，每月參加一次不同行業、年齡及立場的人聚集的早晨活動。每週進行一次早晨跑步或冥想等活動，一個人靜靜地沉澱自己的想法。剩餘的時間則用來整理所學到的知識，思考能否將其應用於公司中。

■工作&投資志向

為了實現時間與金錢的自由，並在不加班的同時提升生產力，現在就開始做準備吧！前30分鐘可以閱讀有關提升生產力的書籍或回顧工作，為在實際職場中推動工作方式改革做好準備。後半的30分鐘則用來學習房地產投資、股票等，以獲取本業以外的額外收入。

早起活動的START UP 4

「back UP（備份計劃）」：制定備份計劃

事情往往不會完全按照計劃進行。如果只制定一個完美且理想的時間安排，一旦進展不順利，可能會感到沮喪，甚至喪失繼續早起活動的動力。

因此，應該事先規劃好當計劃無法順利執行時的備案計劃。特別是對於工作時間難以掌控，或是有明顯淡旺季區別的職業，如何規劃備案計劃至關重要。

有了備案計劃，即使無法按照理想方案執行，至少還有第二、第三方案可以實施！這樣一來，就能迅速調整心態，維持早起活動的動力。

為此，建議設定「朝活松竹梅」方案，根據不同情況決定早上要做的事情。

舉例來說，我會設定像以下的**「朝活松竹梅」**，並依照不同模式決定早上的行動。

松：早上4點起床，孩子睡到6點。（擁有2小時的個人時間）

竹：早上5點起床，孩子睡到6點。（擁有1小時的個人時間）

梅：與孩子同時6點起床，或孩子也在早上4點醒來。（個人時間為零）

此外，也會提前規劃在不同模式下可以做的事情。

松模式下可以做的事

一邊看Amazon Prime Video或Netflix，一邊進行強化腹肌的深蹲、化妝、使用朝活手帳規劃未來。

竹模式可以做的事

一邊看Amazon Prime Video或Netflix，一邊進行強化腹肌的深蹲、化妝。

梅模式可以做的事

兒子的早餐與去托兒所的準備（當然，在「松」模式或「竹」模式下都會進行）。

如果事先決定好「這種情況該怎麼做」，就不會因為「本來想做但沒做到」而責怪自己意志不夠堅定。

也建議事先規劃「繁忙期」與「非繁忙期」的計劃。

如果覺得「因為是繁忙期，所以無法進行早起活動」，那麼動力就會下降；但如果一開始就決定好「繁忙期的日程安排該怎麼做」，那麼只需按照計劃執行即可，心理上也會更安定。也可以根據夏季與冬季來區分。例如，如果你的早起活動計劃包含戶外跑步，那麼夏天跑步可能很舒服，但冬天天氣寒冷，可能會降低動力。因此，可以分別制定「夏季版」與「冬季版」的「朝活松竹梅」計劃。

如果能夠實踐到目前為止介紹的「ＳＴＡＲＴ ＵＰ」法則，那麼你對時間的運用應該已經變得更加敏銳了。

在此基礎上，如果還有餘力的話，可以嘗試以下兩種方法來重新審視自己的時間運用方式，進而實現更高效的時間管理。

「早起活動START UP」的下一步 1

設計理想的時間表

當你想要「增加自己的時間！」時，如果僅僅只是思考「如何減少浪費，讓工作能夠在9點到17點內完成？」或「如何提高做家事的效率？」等這樣的問題，最後可能只會停留在「如何更快地行動？」或「如何同時進行多項事務？」等提升速度與效率的層面。

當然，這些方法很重要，但透過提升速度與效率化所能節省的時間是有限的。真正應該思考的是「為什麼一定要在9點到17點之間工作？」、「自己真正全神貫注工作的時間到底有幾個小時？」、「能否在7點到10點的3小時內，產出相當於7小時的成果？」、「家事真的必須由自己來做嗎？是否可以請其他人幫忙，或利用更便利的機器來取代？」

如果不從這些根本問題重新思考，就無法找到自己真正想要的生活方式。

因此，首先可以利用第190～191頁的圖表來繪製你的理想時間表，這樣一來，你真正想做的事情，也就是你的「志向」，就會變得更加清晰。

試著制定一個讓你打從心底覺得「哇！如果這能實現的話，我一定會超開心！」，且興奮到忍不住想馬上行動的一天時間表吧。

重點在於不要從掌握現狀開始，而是先規劃**理想的時間表**。否則，你會被現狀牽引，往往無法達到應該有的理想。為了避免落入「應該這樣做」、「必須這樣才行」這類的外在束縛，應該先進入優先考慮自己內心真正感到「舒適」與「喜歡」的狀態。這一過程是必須的。

因為是理想的時間表，所以不必因為「現在的工作是9點到17點」而強迫自己從9點到17點工作。而「平常工作時間是9點到21點，但理想是9點到17點」這樣的想法也不必要，而是應該創建一個讓你覺得「如果這能實現，每天都會是最棒的！」的時間表。即使只有「早上7點到10點的3小時工作」也完全沒問題。

先隨心所欲地自由想像，讓這些構想自然地擴展出來吧。

不過，即使我們說要「自由發想」，但人其實是習慣的奴隸，所以一開始很容易不自覺地填入現有的行程。比方說，雖然內心覺得「如果能在家舒適地遠端工作就太完美了！」，但在排時間表時，卻還是會習慣性地填入1小時的通勤時間。因此，意識到並刻意去擺脫這個習慣，才是關鍵所在。

當然，只規劃出理想的時間表，並不代表明天就能馬上實現。即使「每天只工作3小時」這件事無法立刻達成，但去查詢「真的有人這樣工作嗎？」、「他們是怎麼做到的？」這些行動都是可以從今天開始的。**將「實際上不可能」的想法，逐漸轉變為「也許從明天開始就能實現一部分理想的工作方式」**，這才是製作時間表的目的。

當你描繪出理想的時間表時，你看到的會是「想做的事」（Want），而不是「必須做的事」（Have to），也就是與未來相連的「播種」。一旦你看見了這些「播種」，接下來你可以具體地研究那些正在走這條路的人，並將這些想法轉化為實際行動。

平日的理想時間

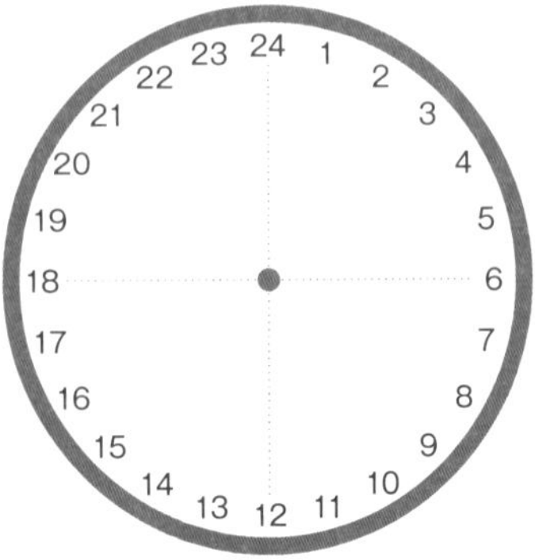

假日的理想時間

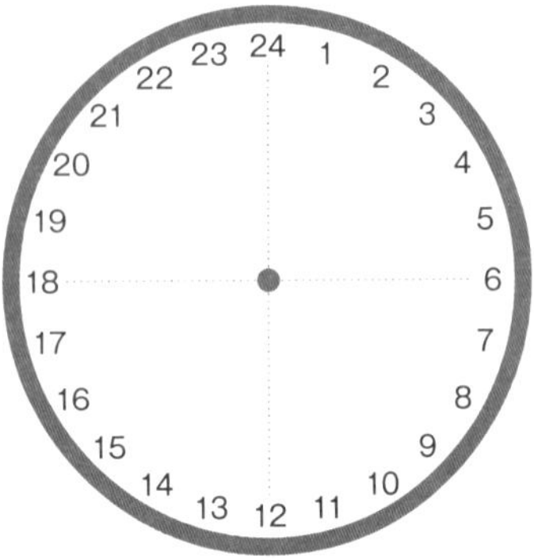

左頁的圖是我曾經描繪的理想時間表。透過這個時間表，我重新認識到自己更喜歡獨自待在家裡靜心思考和工作，而不是與人會面（Want）。現在，我幾乎能夠按照自己想像的方式來安排我的時間。

「早起活動START UP」的下一步 2

調查現狀的時間使用情況

設計完理想的時間表後，接下來需要準確掌握現狀。重點和前一部分相同，**應該遵循「描繪理想↓掌握現狀」的順序，而不是「掌握現狀↓理想」的順序**。如果反過來做，會容易受到「Have to」的影響，所以要小心。

平日的理想時間

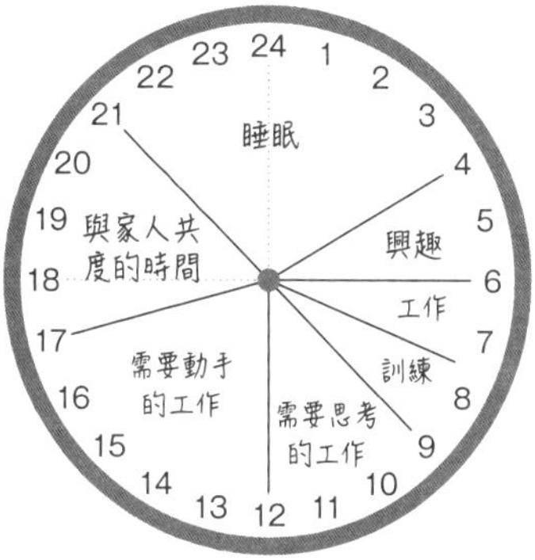

假日的理想時間

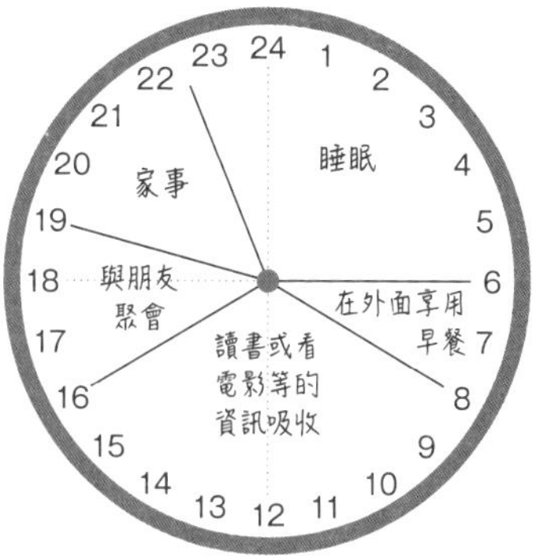

方法是先制定一個「理想的計劃」，然後與實際情況進行比較。只是制定了計劃就覺得完成了的自己，與實際上未能完成的自己。作為比較這兩者的手段，推薦使用公司內部的Outlook等行程管理軟體，不僅記錄計劃，還要記錄實際完成的事項，並將其當作「預算與實際管理工具」來運用。

一般來說，公司的行程管理軟體會像這樣記錄：

- 10：00～11：00定期會議
- 12：00～13：00午餐（A先生）

像這樣，將當天「與他人相關的行程」記錄進去吧。

此外，可以根據下一頁的圖示，依照下列方式，逐步加入自己在每個任務上所花費的時間，並進行檢討。

- 9：00～9：15檢查電子郵件
- 9：15～9：30接聽B先生打來的電話
- 9：30～10：00回顧定期會議議題
- 10：00～11：00定期會議

（定期會議的細項）

- 10：00～10：05確認議題
- 10：05～10：40未來的討論
- 10：40～11：00設定下次議題
- 11：00～11：30撰寫定期會議紀錄
- 11：30～12：00製作報價單
- 12：00～13：00午餐（A先生）
- 13：00～13：30檢查電子郵件

13：30〜16：00製作3月1日企劃會議資料

……讀到這裡，也許大多數人都會覺得「欸——真的好麻煩啊！」

是的，**這確實很麻煩**。但是請忍耐一下，只要一週就好，試著執行看看。**我保證這樣做的效果絕對值得你的努力**。你將能一目了然地了解自己花多少時間在哪些事情上，並判斷自己的生產力高低，甚至養成成本意識。堅持一週後，你將能更準確地估算

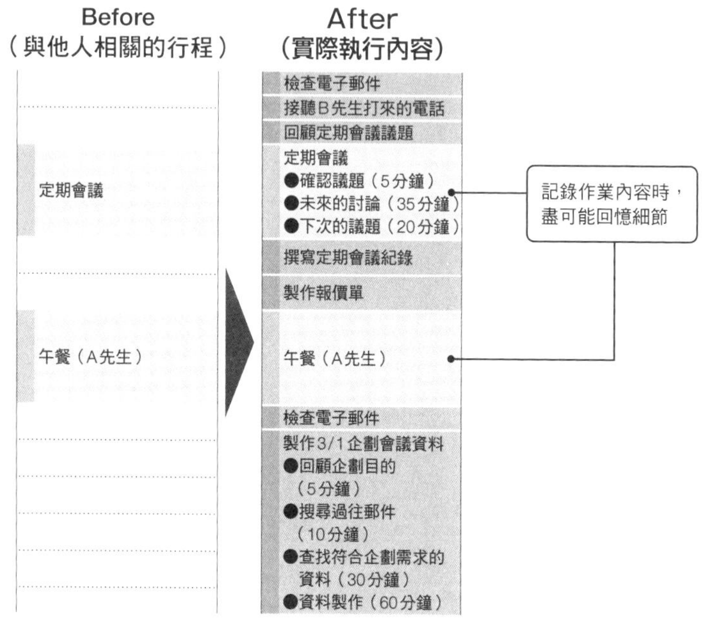

出工作所需的時間。這項作業如果累積起來，會變得更加麻煩，所以請下定決心，在這一週內隨時測量自己的工作時間！拿起碼錶，空出時間來挑戰這項練習吧。

平時我們做事往往憑感覺進行，通常不會意識到自己在每件事情上花費了多少時間。然而，如果在行程表上補充「實際發生的情況」，就可以回顧和分析自己是否有按照計劃完成工作，或者是否設定了過於勉強的安排。首先，一起從正視真實的自己開始吧。

或許有人會疑惑，為什麼連自己單獨進行的實際作業也要記錄下來？但其實，行程安排並不只是為了與他人共享。我們往往只關注與他人的約定，卻容易忽略了「與自己的約定」。

為什麼我們總是容易忽視與自己的約定呢？

那是因為，違反這些約定所造成的不便，只會影響到自己。

雖然自己心裡難受但只要不影響他人就好，如果像這樣一直壓抑自己的需求，最終會失去判斷「真正想做的事情」的能力。沒有餘裕靜下心來思考，反而容易對人發脾氣、變得煩躁不安。而當你的頭腦忙得不可開交時，自然也就沒辦法去思考自己的夢想。我們常常不經意地忽視了屬於自己的時間，但這些時間應該像對待與他人的約定一樣，予以珍惜和重視。

這也是為什麼要在行程表上補上「實際發生的情況」，好讓你之後能夠回顧、檢討，確認是否有按照計劃進行，或是當初的安排是否過於勉強。

推薦應用程式Toggl

話雖如此，要一一記錄自己的作業時間，確實是件麻煩事。這時候就很推薦使用「Toggl」這款應用程式。透過這款APP，可以一目了然地知道自己把時間花在哪些事情上。作業開始前只需要輸入「作業名稱」與「專案名稱」，按下開始與結束按鈕之後，就能輕鬆計算作業時間。善用這樣的工具，將作業時間和無效工作「可視化」，並藉此提升效率，這樣一來，不但能確保足夠的睡眠，也能慢慢養成早起的生活習慣。

使用垂直式手帳也能進行計算

如果工作場所沒有使用行程管理軟體，也可以使用垂直式手帳進行管理來代替。

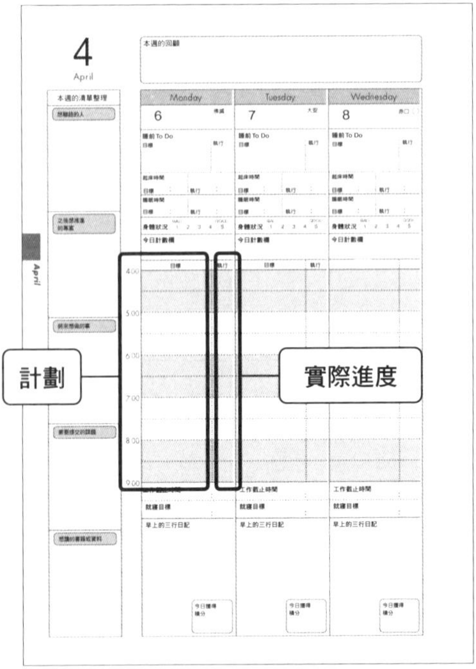

首先在週曆的中央畫上虛線，左邊記入計劃，右邊記入實際進度，並檢查是否按計劃進行。這樣可以一目了然地查看計劃和實際之間的差距，實現「可視化」。我所製作的《朝活手帳》也有這樣的功能，能夠記錄計劃和實際進度。

嘗試過後，即使計劃與實際所花費的時間有很大的差距，也不需要氣餒。

發現自己無法做到的時候確實很痛苦，但首先要客觀地了解真實的自己。一開始可能會感到失落，覺得「我原以為自己能做得更好」，但當你達到最低點後，之後就只有上升的空間。你將能夠養成「怎樣做才能做到」的思維模式。

遇到困難時，五個早起的小技巧！

重申一遍，**要早起，最重要的是早點睡，並確保充足的睡眠時間**。如果只是因為聽說「早起很好」，卻不改掉熬夜的習慣，硬是強迫自己早起，最終只會感到痛苦，什麼好處都沒有。因為早起導致睡眠時間減少，且影響白天的工作，反而得不償失。為了確保足夠的睡眠時間，必須在晚上做好充分的準備。也就是說，**要讓「早晨1小時」變得充實，關鍵在於如何度過晚上的時間**。

因為工作而加班或參加應酬聚會等，確實有許多事情無法如預期進行，但有很多事情是可以根據自己的方式進行調整的。接下來我將介紹幾個小技巧。

里程碑作戰

里程碑是「指標」的意思。從入睡時間倒推，列出睡覺前需要完成的工作。例如，如果決定「一定要在23點睡覺！」，那麼最晚要在22點之前洗澡，為此則必須在21點半前到家，這樣可以將「睡覺」作為目標，倒推並安排晚上的行程。

入睡開關作戰

為了順利入睡，我們應該準備一些能創造放鬆環境的「必殺技」。例如，我個人非常喜愛使用一種開封後會慢慢變暖的眼罩。戴上這個眼罩後，感覺非常舒適，很快就能入睡。在夏天，還有一些能帶來清涼感的眼罩可供選擇，非常值得一試。

飲酒會幹事作戰

飲酒會是放鬆氣氛、與周圍人溝通的重要場合，即便再怎麼渴望擁有自己的時間，若是把社交也限制住了，生活會變得無趣。這時，可以考慮自己當上幹事。

雖然很多人可能會覺得當幹事麻煩又辛苦，但實際上，幹事是最能自由掌控時間的人。只要你創造出能夠自己決定時間的環境，並讓周圍的人自然地遵從這些安排，你就能決定聚會的開始時間、是否有二次聚會以及舉辦地點等活動內容。比如，可以將舉辦地點選在靠近自家的地方，或者能根據自己的情況安排，這都是當幹事的魅力所在。

聚會時選擇套餐料理作戰

舉辦飲酒會時的另一個小技巧是，如果想準時結束，選擇套餐料理會比較好。選擇單點料理的話，除非中斷點餐，否則料理會一直端上來，永遠不會結束。並且，套餐料理通常在大約兩小時內就能上完所有菜品，這樣可以減少因為無法掌控時間而產生的壓力。

週末早晨約會作戰

許多人可能會覺得，難得的假日就應該放鬆休息，甚至睡到中午過後才起來。但過度的睡眠反而會讓身體狀況變差，或者如果睡到下午，會感覺浪費了寶貴的休息時間，並伴隨著一些罪惡感。

為了避免浪費時間，有效的方法是安排週末一早的約會。

例如，可以把美容院或牙醫診所等，遲到會給人帶來麻煩的約會故意安排在早上。這樣，當早上的約會結束後，剩下的時間就完全是自由的。這樣就能有效地度過假日，並且這種滿足感會為接下來的週一帶來更多活力。

結語

「早晨1小時」讓工作和私人生活都能隨心所欲！

在這本書中，我想傳達的訊息是，**任務管理不是為了處理「必須做的事」，而是為了實現「想做的事」**。在忙碌的日常生活中，我們往往會將自己真正「想做的事」拋在一旁。因為總是被「必須做的事」塞滿一天，內心真正想做的事情，就會被一再推遲。

人生中最痛苦的事，就是陷入無法控制的狀態，這種「被動」的情形會讓我們迷失方向、四處亂竄。因為沒有選擇自己內心真正「想做的事」，才會總是感到不確定和迷茫。你是否曾經因為忙碌而忽略了本應聆聽的內心聲音？當各種雜音淹沒了真正的想法，讓你無法辨認自己是否仍然忠於內心時，請試著整理並清理這些混亂的想法，創造「主動攻擊」的時間，這就是「早晨1小時」的「早晨習慣」的本質。

當掌握了「早晨1小時」的早晨習慣時，你將不再把眼前的工作和經歷看作「為了生計而必須做的事」，而會將其視為提升自己人生的寶貴經驗。如果你能夠感受到自己在主導人生的進程，那麼你就不會再覺得自己的時間被他人奪走，並且能夠對自己的人生負責。即使挑戰的結果現在並不理想，你也能決定「無論如何，我要讓自己選擇的道路變得最好！」並且繼續向前邁進。

透過「早晨1小時」，每天都能確認自己的價值觀，並確定人生的優先順序。在忙碌的日子中，若能避免讓自己陷入「算了」、「反正想了也沒用」的藉口，並且不回避自己拖延的習慣，就能逐步修正那些可能讓自己走錯方向的軌道，繼續向前邁進。

我已經傳達了「早晨1小時」改變人生的方法論。接下來，將當前的自己轉化為武器，並開始積極地投入到每一件事中。突破現狀的關鍵就在於你自己。

只要改變你的意識，即使在改革的過程中遇到的挫折或失敗，這些經歷都將成為你成長的過程，讓你更加閃耀。我衷心祈願，希望你能透過珍惜「早晨1小時」，找到自己無法妥協的價值觀，並過上心靈平靜的每一天。

二〇二〇年三月　池田千恵

參考文獻

『HARD THINGS』ベン・ホロウィッツ著　日経BP社
『ファスト&スロー（上・下）あなたの意思はどのように決まるか?』ダニエル・カーネマン著　早川書房
『どんな仕事も「25分＋5分」で結果が出るポモドーロ・テクニック入門』フランチェスコ・シリロ著　CCCメディアハウス
『完訳　7つの習慣　人格主義の回復』スティーブン・R.コヴィー著　キングベアー出版
『WE ARE LONELY, BUT NOT ALONE. ～現代の孤独と持続可能な経済圏としてのコミュニティ～』佐渡島庸平著　幻冬舎
『フロー体験　喜びの現象学』M.チクセントミハイ著　世界思想社
『壁を打ち破る100%思考法』松井秀喜著　PHP文庫
『ザ・マインドマップ』トニー・ブザン著　ダイヤモンド社
『新版　ずっとやりたかったことを、やりなさい。』ジュリア・キャメロン著　サンマーク出版
『その幸運は偶然ではないんです!』J.D.クランボルツ著　ダイヤモンド社

給想了解書中未介紹、
更詳細的「播種時間」活用法的你

「早晨1小時」的「播種時間」
讓你能夠建立人生的優先順序

免費

早起活動 電子郵件影音講座

書中未介紹的「播種時間」活用法，
將透過為期7天的連續講座每天送達。
可以自由下載，能在通勤時間等空閒時間觀看。

1第一封：正確的「早晨習慣」能確實改變人生

2第一封：如何發揮你取得的證照資格

3第一封：如何利用「早晨1小時」來設定優先順序

4第一封：如何進一步挖掘自己的「志向」

5第一封：你這些年來的經歷，將成為你的一切「寶藏」

6第一封：你能輕鬆做的事，對其他人來說「很厲害！」

7第一封：利用「早晨1小時」制定發揮自己優勢的人生計畫

詳細內容請點擊這裡！

池田千惠 **搜尋**

https://ikedachie.com/mail/

推薦給想在職場與興趣之外，找到「第三個場域」，
認真且愉快地探討自己未來並持續學習的人。

朝活社群「朝キャリ」

這是一個幫助你探索自身志向、專長、喜好與夢想的社群。透過「人生年表」的方法，你可以在安心且安全的環境中，以「老師」的身份分享自己的興趣與專長，觀察他人反應，並藉此找到可以終生投入的人生志業。我們每週都會提供可隨時隨地學習的影片，並搭配實作練習，池田千惠本人也會直接給予回饋。此外，也會舉辦線下聚會與線上活動。

成員心得分享

- 可以自在地談論那些難以向身邊親友傾訴的夢想與抱負，這是我覺得最棒的地方。（30 多歲女性 公司職員）
- 大家分享的煩惱與解決方法對我很有幫助，讓我覺得自己並不孤單。千惠小姐的回饋也讓我備受鼓勵。（40 多歲女性 自由工作者）
- 有時候，能夠聽到直接且嚴肅的建議，讓我更明白作為組織成員該如何行動。我因此冷靜下來，沒有衝動轉職。（30 多歲女性 公司職員）

詳細內容請點擊這裡！

池田千惠　搜尋

https://ikedachie.com/course/salon/

【作者簡介】

池田千恵

晨間業務改革顧問。因兩次大學考試失敗而開始培養早起習慣，透過半年的清晨學習成功考入慶應義塾大學綜合政策學院。曾任職於外食新創公司與外商策略顧問公司，並於2009年出版《「朝４時起き」で、すべてがうまく回りだす！》（MAGAZINE HOUSE），成為暢銷書，獲得「朝活第一人」的美譽。

基於自身從夜型人轉為晨型人的經驗，以及幫助眾多人養成早起習慣的成功案例，她自2010年起策劃專為早晨規劃設計的《朝活手帳》，連續10年熱銷，成為人氣手帳。她指導企業透過「早晨1小時」的業務改革提升生產力，推動工作方式改革，也為個人提供職涯發展方向，創立晨間學習社群「朝キャリ」（https://ikedachie.com/course/salon），幫助人們在職涯迷惘時，以輕鬆愉快的方式討論與學習未來規劃。截至2020年4月，她是一名育有4歲男孩的職業媽媽。

X、Instagram：@ikedachie

早晨1小時，留給最重要的事

出　　版／楓書坊文化出版社
地　　址／新北市板橋區信義路163巷3號10樓
郵政劃撥／19907596　楓書坊文化出版社
網　　址／www.maplebook.com.tw
電　　話／02-2957-6096
傳　　真／02-2957-6435
作　　者／池田千恵
翻　　譯／邱佳葳
責任編輯／黃穫容
內文排版／楊亞容
港澳經銷／泛華發行代理有限公司
定　　價／380元
初版日期／2025年８月

國家圖書館出版品預行編目資料

早晨1小時，留給最重要的事 / 池田千恵作；邱佳葳翻譯. -- 初版. -- 新北市：楓書坊文化出版社, 2025.08　面；　公分

ISBN 978-626-7730-33-1（平裝）

1. 自我實現 2. 時間管理 3. 工作效率 4. 成功法

177.2　　114008886